新能源汽车产教融合系列教材

新能源汽车技术

主　编　李　蕊　吴　勇
副主编　王　勇　马良琳　李穗平
参　编　王艺颖　唐耀辉　蒋　维

机械工业出版社

本教材主要内容包括新能源汽车概述、专用工具的使用与规范、安全操作的规范认知、纯电动汽车的结构原理及检修认知、插电式混合动力电动汽车的结构原理及检修认知、其他类型的新能源汽车认知及经典维修案例分析等内容。本教材采用项目式教学，图文并茂并配套车辆实例，使得学习者通过学习新能源汽车的结构与原理知识，达到掌握新能源汽车维修技能的目的。

本教材内容丰富、通俗易懂、实用性非常强。既可以作为应用型本科、高职院校汽车专业、各类汽车培训机构授课用教材，也可作为新能源汽车行业相关技术人员参考用书。

此外，为方便教学及学习者学习，本教材配有电子课件、教学视频、电子教案、电路图及维修手册等相关资源。

图书在版编目（CIP）数据

新能源汽车技术 / 李蕊，吴勇主编. -- 北京 : 机械工业出版社，2024. 8（2025.7重印）. -- (新能源汽车产教融合系列教材). -- ISBN 978-7-111-76596-7

Ⅰ. U469.7

中国国家版本馆CIP数据核字第20246WE953号

机械工业出版社（北京市百万庄大街22号　邮政编码100037）

策划编辑：李　军　　　　责任编辑：李　军　丁　锋

责任校对：牟丽英　丁梦卓　　封面设计：马精明

责任印制：常天培

河北虎彩印刷有限公司印刷

2025年7月第1版第2次印刷

184mm×260mm・10.75印张・225千字

标准书号：ISBN 978-7-111-76596-7

定价：49.90元

电话服务

客服电话：010-88361066

010-88379833

010-68326294

网络服务

机　工　官　网：www. cmpbook. com

机　工　官　博：weibo. com/cmp1952

金　　书　　网：www. golden-book. com

机工教育服务网：www. cmpedu. com

前 言

近年来，我国新能源汽车产业发展已取得了巨大成就，成为世界汽车产业发展转型的重要力量之一。国务院办公厅发布的《新能源产业发展规划（2021—2035 年）》中明确指出：发展新能源汽车是我国从汽车大国迈向汽车强国的必由之路，是应对气候变化、推动绿色发展的战略举措。为了满足业界对人才培养的市场需求，重庆电子科技职业大学和长安汽车股份有限公司合作编写了《新能源汽车技术》教材。本教材可使学生对新能源汽车的概念、安全防护、结构及综合故障诊断有一定的了解。希望本教材可增加学生对新知识的掌握和运用程度，培养学生对诊断仪器、工具和设备的熟练操作能力，还可培养学生责任意识、规矩意识、精益求精的大国工匠精神，激发学生科技报国的家国情怀和使命担当。从 2013 年始，重庆电子科技职业大学与长安汽车股份有限公司签订培训协议项目，至今为企业培训了近万名合格的售后人员。为此，编者以多年的新能源汽车科研、培训及教学经验为基础，编写了本教材。本教材特色如下：

1. 产教融合教材。以汽车企业生产项目、典型工作任务等为载体，从规划、编写、审核、内容选用等环节注重体现职业教育特色，强化全流程产教融合，为培养技术技能型人才提供支撑。

2. 活页形式展现。采用活页式教材编写，在每一个任务环节，都可以随着技术进步和学校实际教学需要，进行教学资源信息页和工作页的增减。

3. 配套资源丰富。为满足信息化教学手段需求，配套了电子课件、视频、动画、教案、习题、线上资源课等，形成了可听、可视、可练、可互动的“互联网 +”教材。

4. 任务驱动教学。以案例为载体，实训过程与汽车相关岗位对接。根据汽车维修岗位需要，以任务驱动教学，把学生被动听变成学生主动参与实践操作，以培养能力为教学本位。

5. 职业教育特色突出。采用项目导向任务驱动式的编写思路。以汽车的典型故障案例展开项目，以工作过程为导向，明确学习目标，给学生提供针对性较强的专业指导和训练。体现了职业教育的特色，满足高端技能型人才培养的要求。

本教材在编写的过程中，得到了长安汽车股份有限公司的大力支持。编者查阅了大量书籍、文献、资料，并参考及借鉴了长安汽车股份有限公司最新车型的维修手册。在此，对这些成果的研究和开发人员表示衷心的感谢。

由于新能源汽车技术飞速发展及编者水平有限，书中难免有不妥之处，敬请使用本教材的师生及其他各位读者批评指正。

编者

目 录

New Energy Vehicle

01 项目 1 走进新能源汽车

任务 1　了解新能源汽车的发展背景

素养目标

1. 通过讲解新能源汽车的发展背景，让学生懂得节能减排的重要性，培养学生保护环境的社会责任感。

2. 世界气象组织宣布 2023 年是有记录以来人类历史上最热的一年。通过分析该案例，让学生意识到保护环境已迫在眉睫。要从自身做起做到节能减排，为碳达峰和碳中和做出自己的点滴贡献。

一、任务导入

由于环境形势、国内外政策及市场需求，新能源汽车产业必将成为未来汽车产业发展的导向与目标。发展新能源汽车是我国从汽车大国迈向汽车强国的必由之路，是应对气候变化、推动绿色发展的战略举措。

二、学习目标

知识目标：

- 了解新能源汽车的发展背景。
- 了解汽车尾气成分。
- 熟知碳中和、碳达峰概念。
- 认识中国双碳战略目标。
- 了解温室效应与碳排放之间的关系。

职业素养目标：

- 培养小组成员有效查找资料的能力。
- 培养小组成员之间的沟通能力。
- 培养小组成员之间的时间管理能力。

新能源汽车概述

三、理论知识

1. 新能源汽车的发展背景

目前，石油这一工业发展的黑色血液逐渐枯竭，能源问题已经成为影响全球各国经济发展的重大问题之一。且传统汽车在全球的保有量使得人类面临能源短缺、气候变化、环境污染等问题。随着国内市场需求、能源危机及环境等问题的日益突出，汽车工业面临着严峻的挑战。

（1）社会现状：汽车消费需求旺盛

汽车工业是国民经济的支柱产业，它与人们的生活息息相关，已经成为现代社会必不可少的组成部分。但是传统汽车工业以石油为燃料，对化石能源有巨大的需求和依赖。且我国汽车社会化进程加快，汽车产业迎来了跨越式的蓬勃发展时期。

（2）能源现状：车用能源日益枯竭

化石能源是目前全球消耗的最主要能源。但随着人类的不断开采，化石能源的枯竭是不可避免的。且全球每年从地下开采的石油超过 40 亿吨，约 65% 被汽车使用。全球石油消耗情况如图 1-1-1 所示。

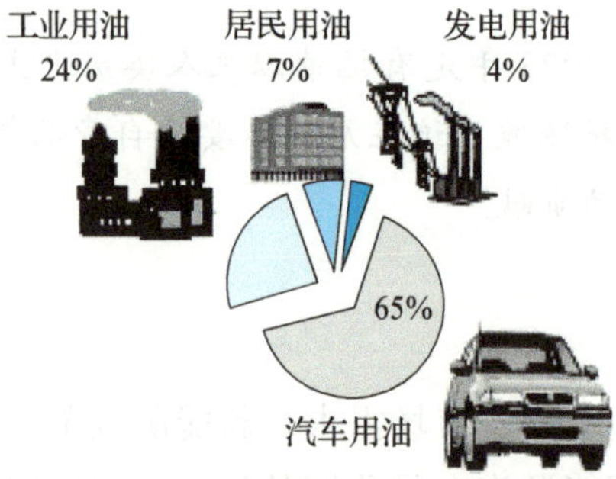
工业用油
24%
居民用油
7%
发电用油
4%
65%
汽车用油

图 1-1-1　全球石油消耗情况统计

（3）环境现状：自然环境迅速恶化

汽车尾气包含 CO（一氧化碳）、HC（碳氢化合物）、NO_x（氮氧化合物）、PM（微粒）等，对人类健康会产生直接危害。同时，这些气体能阻碍反射到地球表面的阳光紫外线，致使温度变化。汽车尾气对环境的破坏，主要体现在以下几个方面：

1）二氧化碳排放加剧气候变暖。

2）有害尾气排放加重空气污染。

3）导致人类呼吸道疾病，感觉、记忆力等机能障碍，重者危害血液循环系统。

汽车尾气已经成为空气污染的重要原因，开发新能源汽车，减少污染，是汽车技术发展的必然趋势。2020 年 11 月，国务院办公厅正式发布《新能源产业发展规划（2021—2035 年）》，且规划明确指出：发展新能源汽车是我国从汽车大国迈向汽车强国的必由之路，是应对气候变化、推动绿色发展的战略举措。我国新能源汽车产业发展已取得了巨大成就，成为世界汽车产业发展转型的重要力量之一。同时，各国政府纷纷制定鼓励电动汽车发展政策，各车企制定新能源汽车发展规划以打开市场。

2. 温室效应与碳排放控制

（1）全球碳循环与气候变化

汽车主要污染物有一氧化碳、碳氢化合物等，而碳元素是温室气体中最为重要的成分。在不同碳库间可通过物理、化学、生物和地质等过程发生迁移。如果大气中碳浓度发生明显变化，就会促使气候变化。

1）碳排放量急剧增大。工业革命以来人类以超过自然界 2 万倍的速度向大气排放二氧化碳，全球碳排放量增长了 3645 倍。

2）地球气候遭到破坏。气候变化主要由人类排放的大量温室气体引起的，如不采取降碳温控措施，则会引起全球气候升温。

3）人类文明受到威胁。古气候变化历史表明，增温本身不一定有多大灾难性，但如果增温过快，使人类没有足够时间适应，则灾难必至。

（2）认识中国双碳战略目标

碳达峰碳中和是一场广泛而深刻的经济社会系统性变革。

碳达峰：一般而言，指特定区域年度二氧化碳排放在某一年达到峰值，之后在趋于向下的范围内波动，然后进入平稳下降阶段。

碳中和：指特定区域一定时期内二氧化碳的排放量与清除量达到平衡；或标的物产品全生命周期内并未导致排放到大气中的温室气体产生净增量。

2030 年碳达峰是二氧化碳达峰，而 2060 年要实现碳中和则包括全经济领域的温室气体排放，不只是二氧化碳，还有甲烷、氢氟化碳等非二氧化碳温室气体，包括全部温室气体。2030 年碳达峰与 2060 年碳中和目标明确了我国经济社会全面绿色转型发展的时间表和路线图（图 1–1–2），实现碳达峰碳中和的目标指标见表 1–1–1。

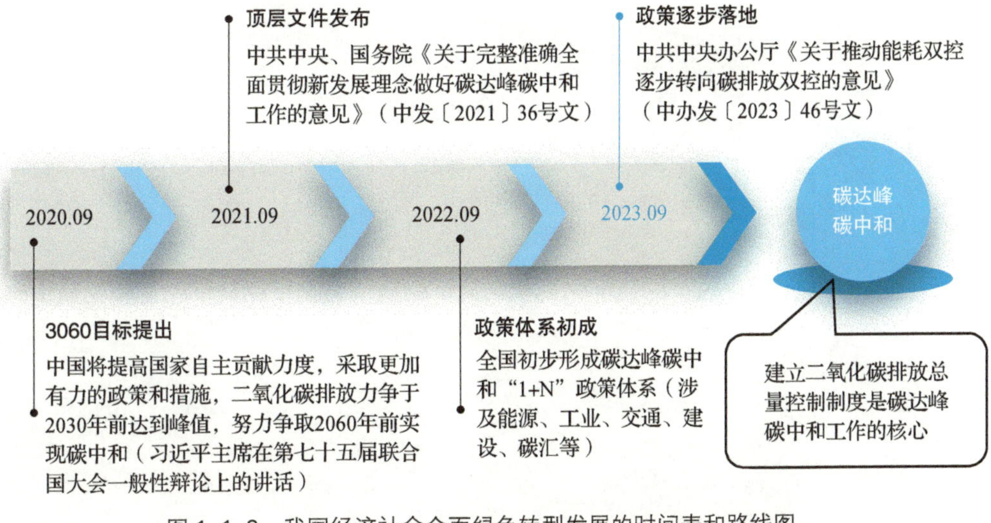
顶层文件发布
中共中央、国务院《关于完整准确全面贯彻新发展理念做好碳达峰碳中和工作的意见》（中发〔2021〕36号文）
政策逐步落地
中共中央办公厅《关于推动能耗双控逐步转向碳排放双控的意见》（中办发〔2023〕46号文）
2020.09
2021.09
2022.09
2023.09
碳达峰
碳中和
3060目标提出
中国将提高国家自主贡献力度，采取更加有力的政策和措施，二氧化碳排放力争于2030年前达到峰值，努力争取2060年前实现碳中和（习近平主席在第七十五届联合国大会一般性辩论上的讲话）
政策体系初成
全国初步形成碳达峰碳中和"1+N"政策体系（涉及能源、工业、交通、建设、碳汇等）
建立二氧化碳排放总量控制制度是碳达峰碳中和工作的核心

图 1–1–2　我国经济社会全面绿色转型发展的时间表和路线图

表 1-1-1　中国实现碳达峰碳中和的目标指标

目标指标	十三五时期	十四五时期	2030 年	2060 年
单位 GDP 能耗	0.490tce/ 万元①	比 2020 年下降 13.5%	大幅下降	达到国际先进水平
单位 GDP 碳排放	0.974tCO_{2e}/ 万元②	比 2020 年下降 18%	比 2005 年下降 65%	实现碳中和
非化石能源消费占比	15.3%	20%	25%	大于 80%
可再生能源消费增量		占比超过 50%③		
森林覆盖率	23%（2019 年）	24.1%	25%	
森林蓄积量 /10^8m^3	175.6（2019 年）	180	190	
风电光伏装机容量 /10^8kW	风电 2.8、光伏 2.5		大于 12	

① tce 代表吨标准煤当量。

② CO_{2e} 代表二氧化碳当量。

③ 可再生能源消费增量在一次能源消费增量中占比超过 50%。

四、任务小结

1. 社会现状、能源现状及环境现状决定着传统汽车必须转型。
2. 了解温室效应与碳排放之间的关系。
3. 了解我国碳中和和碳达峰的目标。

任务工单

任务名称	了解新能源汽车的发展背景				
姓　名		学　号		任务成绩	
任务描述	了解新能源汽车的发展背景				

一、资讯

1. 碳中和：

2. 碳达峰：

二、计划与决策

根据任务要求，确定所需要的设备、工具，并对小组成员进行合理分工，了解新能源汽车的发展背景及各国制订了什么样的详细计划以推动新能源汽车的发展。

1. 需要设备工具

2. 小组成员分工

3. 制订计划与决策

三、实施

1. 实施步骤

2. 总结实施过程中的注意事项

四、检查

五、评估

1. 自己任务完成的情况，对自己的工作进行自我评估，并提出改进意见。

1）

2）

2. 工单成绩

自我评价	组长评价	教师评价	总分

任务 2　熟知新能源汽车的概念

素养目标

目前长安固态电池正在紧锣密鼓的研发、试验、调试中，到 2025 年逐步搭车使用。该案例说明科技创新非一朝一夕之功。

一、任务导入

新能源汽车是绿色低碳出行的有效方式，那么什么是新能源汽车？纯电动汽车是新能源汽车吗？新能源汽车有哪些核心零部件及发展趋势如何？

二、学习目标

知识目标：

- 掌握新能源汽车的概念。
- 熟知新能源汽车所包含的车型。
- 熟知新能源汽车核心零部件的简称。

职业素养目标：

- 严格执行实训室规定。
- 车型不断变化，保持持续学习的能力。
- 培养学生组织能力。
- 严格执行 6S 管理。

三、理论知识

除汽油、柴油和天然气外，汽车可用其他能源主要包括电能、氢能、压缩天然气（CNG）、醇类燃料、太阳能等。目前，新能源汽车主要采用电能和氢能。

1. 新能源汽车的概念

新能源汽车是指采用非常规的车用燃料作为动力来源（或使用常规的车用燃料、采用新型车载动力装置），综合车辆的动力控制和驱动方面的先进技术，形成的技术原理先进，具有新技术、新结构的汽车。国务院《节能与新能源汽车产业发展规划（2021—2035 年）》：新能源汽车主要指采用新型动力系统，完全或者主要依靠新型能源驱动的汽车。

2. 新能源汽车部分核心部件的简称

新能源汽车的部分核心结构与我们传统汽车有较大差异，维修手册和培训资料上经常出现零部件简称，其主要结构简称见表 1-2-1。

表 1-2-1 新能源汽车部分核心部件的简称

序号	结构	缩略语
1	插电式混合动力汽车	PHEV
2	纯电动汽车	BEV
3	燃料电池汽车	FCV
4	远程控制装置	RMU
5	集成车身控制器	iBCM
6	电池控制单元	BCU
7	整车控制器	VCU
8	车载通信终端	T-BOX
9	电源补给系统	PDU
10	电机控制器	EDS
11	直流变换器	DC/DC
12	车载充电机	OBC
13	交直流转换	AC/DC
14	电加热器	PTC
15	高压安全开关	MSD
16	电驱动系统总成	EDS
17	智能整车域控制器	SVDC
18	集成式热管理控制器	ITMS

3. 新能源汽车的核心技术及发展趋势

电池、电机和电控系统是新能源汽车的核心零部件。

（1）突破电池技术是关键

目前市场上常用的电池包有三元锂、磷酸铁锂等电池包。

《新能源汽车产业发展规划（2021—2035 年）》明确指出开展正负极材料、电解液、隔膜、膜电极等关键核心技术研究，加强高强度、轻量化、安全化、低成本、长寿命的动力电池和燃料电池系统短板技术攻关，加快固态动力电池技术研发及产业化。

在半固态和固态电池的研发方面，长安汽车也取得了重要进展。基于整车需求，长安汽车已开发领先的固态电池技术，计划从 2025 年开始逐步量产应用。固态电池具有更高的能量密度和更快的充电速度，有望彻底改变电动汽车的充电方式和续驶能力。

此外，长安汽车还积极开展新型电池的研发工作。锂硫电池和金属电池等新型电池具有更高的能量密度，预计能量密度将突破 1300~1500W · h/kg，预计在 2035 年实现搭载应用。

作为全球销量最大的汽车制造商之一，丰田公布了将在 2027 年前后商业化其固态电池技术用于电动汽车的计划。

（2）驱动电机呈多样化发展

美国倾向于采用交流感应电机，其主要优点为结构简单、可靠、质量轻，但是控制技术较为复杂。日本多采用永磁无刷直流电机，其优点为效率高、起动转矩大、质量较小。但成本高、高温易退磁、抗振性较差。德国正大力开发开关磁阻电机，其结构简单、可靠、成本低；缺点是质量较大，易产生噪声。

（3）燃料电池汽车的发展趋势

电池氢燃料以“氢”为能量来源，一种将存在于燃料与氧化剂中的化学能直接转化为电能来驱动电机。丰田 Mirai 使用了高压氢气作为动力能源，高压氢气被储存在位于车身后半部分的高压储氢罐中。Mirai 的高压储氢罐可以承受 70MPa 压力。高压氢添加的过程与传统汽车添加汽油或者柴油相似，但对于安全性和加注设备具有独立的安全标准。充满储氢罐大约需要 3~5min，Mirai 的氢储量可以支持 700km 续驶里程。减压后的氢气进入位于乘员舱下方的燃料电池中，氢原子在燃料电池阴极上反应，释放电子从而产生电能。

四、任务小结

1. 社会现状、能源现状及环境现状迫使新能源汽车必须发展。
2. 电动汽车的范畴小于新能源汽车。
3. 目前，新能源汽车的发展目标是燃料电池汽车。

任务工单

任务名称	熟知新能源汽车的概念				
姓　　名		学　　号		任务成绩	
任务描述	新能源汽车的概念与发展				
任务目标	通过有效查找资料，理解新能源汽车的概念及发展方向。				

一、资讯

1. 新能源汽车包括 __________、__________、__________车型。

2. 电动汽车指__________、__________、__________车型。

3. 新能源汽车部分核心部件的简称。

序号	结构	缩略语
1	插电式混合动力汽车	
2	纯电动汽车	
3	燃料电池汽车	
4	远程控制装置	
5	集成车身控制器	
6	电池控制单元	
7	整车控制器	
8	车载通信终端	
9	电源补给系统	
10	电机控制器	
11	直流变换器	
12	车载充电机	
13	交直流转换	
14	电加热器	
15	高压安全开关	
16	电驱动系统总成	
17	智能整车域控制器	
18	集成式热管理控制器	

二、计划与决策

根据要求，认识不同的新能源汽车车型。确定所需要的设备、工具，并对小组成员进行合理分工，制订详细的计划。

1. 需要设备工具

2. 小组成员分工

3. 制订计划与决策

三、实施

1．实施步骤

2．总结实施过程中的注意事项

四、检查

五、评估

1. 自己任务完成的情况，对自己的工作进行自我评估，并提出改进意见。

1）

2）

2. 工单成绩

自我评价	组长评价	教师评价	总分

任务3　新能源汽车的类型与特点

素养目标

1. 用国产汽车的例子说明新能源汽车车型，增强学生学习专业知识的自信心，激发学生科技报国的家国情怀和使命担当，厚植学生报效祖国的爱国主义情怀。

2. 氢能被认为21世纪的终端能源，氢燃料电池汽车作为一种真正意义上的"零排放，无污染"载运工具，是未来新能源清洁动力汽车的主要发展方向之一。长安汽车已于2022年推出深蓝氢燃料电池版，这是国内首款氢燃料电池轿车，极大地促进了中国在汽车领域的进步。

一、任务导入

新能源汽车包括纯电动汽车、插电式混合动力汽车和燃料电池汽车。那么，它们分别具有哪些特点呢？

二、学习目标

知识目标：

➢ 掌握新能源汽车的类型。

➢ 了解新能源汽车的功能示意图。

➢ 掌握纯电动汽车、插电式混合动力汽车和燃料电池汽车的特点。

职业素养目标：

➢ 养成学生团结互助和规矩意识。

➢ 能够自主学习新知识、新技术。

➢ 不畏困难，持续挑战学新知。

新能源汽车分类

三、理论知识

目前市场上，新能源汽车主要有以下三类车型：

1）纯电动汽车。

2）插电式混合动力汽车。

3）燃料电池汽车。

1. 纯电动汽车的功能示意图及特点

（1）纯电动汽车的功能示意图

纯电动汽车（Blade Electric Vehicles，BEV）是驱动能量完全由电能提供、由电机驱动的汽车。它利用电池包作为储能动力源，通过电池包向驱动电机提供电能，驱动电机运转，从而推动汽车行驶。纯电动汽车的可充电电池主要有铅酸电池、镍镉电池、镍氢电池和锂离子电池等。纯电动汽车首先怠速停机、纯电驱动、下坡或者制动时通过电机反转实现能量回收。当电池电量不足时，停车充电。

纯电动汽车的功能示意图如图 1-3-1 所示。

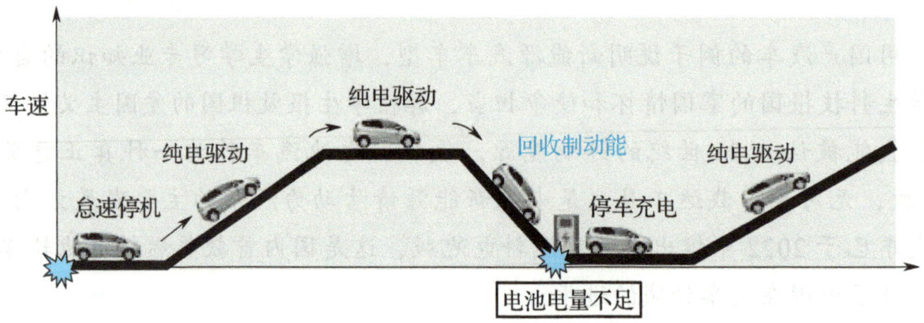
车速
纯电驱动
纯电驱动
回收制动能
纯电驱动
怠速停机
停车充电
电池电量不足

图 1-3-1　纯电动汽车的功能示意图

（2）纯电动汽车的特点

纯电动汽车的特点如下：

1）动力系统结构更简单，可靠性更高。

2）具备传统汽车无法比拟的 NVH 性能。

3）使用过程零排放、无污染。

4）使用成本下降约 60%~80%。

（3）纯电动汽车发展情况和典型车型

根据公安部公布的数据，截至 2023 年年底，全国新能源汽车保有量达到了 2041 万辆，其中纯电动汽车保有量 1552 万辆，占比高达 76.04%。这一数据表明，纯电动汽车在中国新能源汽车市场中占据了绝对的主导地位。随着纯电动汽车的产业链的不断完善和成熟，预计未来中国纯电动汽车的保有量将继续保持快速增长。

目前，制造纯电动汽车的企业包括比亚迪、长安、特斯拉、蔚来、小鹏等。这些企业制造的车型涵盖了从微型车到中大型车的不同细分市场，价格也从几万元到几十万元不等，满足了不同消费者的需求。下面以阿维塔 12 为例说明纯电动汽车的各项参数。

阿维塔 12 如图 1-3-2 所示，提供单电机版与双电机版两种车型。其中，四驱车型搭载华为 DriveONE 双电机系统，双电机最大功率 425kW，最大转矩 650N · m，百千米加速用时 3.9s；单电机版总功率 230kW，最大转矩 370N · m。同时，该车全系搭载宁德时代三元锂电池包，容量为 94.53kW · h，CLTC 纯电续驶里程提供 650km 和 700km 两种，并支持 750V 压超快充。

糯玉米新车分单电机和双电机版本，驱动电机最大功率为 30kW，双电机版本提供功率相同的两个电机，车辆最高车速为 101km/h。电池方面配备宁德时代提供的磷酸铁锂电池组，容量分别为 12.92kW · h、17.65kW · h 和 27.99kW · h，对应续驶里程分别为 155km、210km 和 301km。糯玉米外观和底盘结构分别如图 1-3-3、图 1-3-4 所示。

阿维塔 12

图 1-3-2　阿维塔 12

图 1-3-3　糯玉米的外观

图 1-3-4　糯玉米底盘结构图

2. 插电式混合动力汽车的功能示意图及特点

插电式混合动力汽车（Plug-in Hybrid Electric Vehicle，PHEV）是新型的混合动力电动汽车。区别于传统汽油动力与电驱动结合的混合动力，插电式混合动力驱动原理、驱动单元与电动汽车相同，唯一不同的是车上装备有一台发动机。 插电式混合动力汽车与普通混合动力汽车的区别：普通混合动力车的电池容量很小，仅在起 / 停、加 / 减速的时候供应 / 回收能量，不能外部充电，不能用纯电模式较长距离行驶；插电式混合动力车的电池相对比较大，可以外部充电，可以用纯电模式行驶，电池电量耗尽后再以混合动力模式（以内燃机为主）行驶，并适时向电池充电。插电式混合动力汽车按照动力系统结构形式可以分为串联式混合动力汽车、并联式混合动力汽车和混联式混合动力汽车。

（1）插电式混合动力汽车的功能示意图

插电式混合动力汽车首先纯电驱动，当电量不足时，发动机和电机共同驱动。在下坡或者制动时，实现能量回收。然后停车充电。插电式混合动力汽车的功能示意图如图 1-3-5 所示。

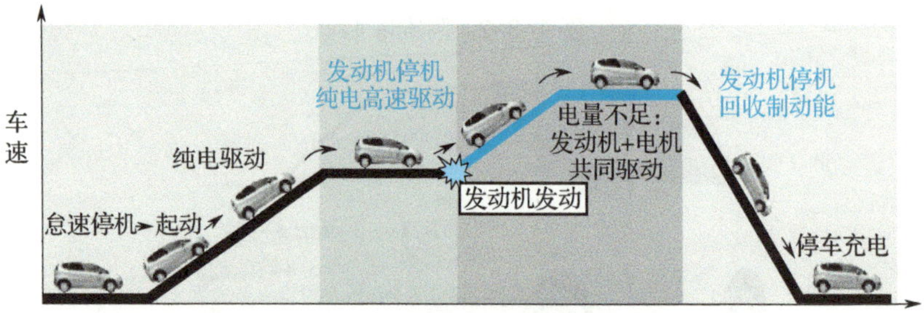
车速
怠速停机
起动
纯电驱动
发动机停机
纯电高速驱动
发动机发动
电量不足：
发动机+电机
共同驱动
发动机停机
回收制动能
停车充电
图 1-3-5　插电式混合动力汽车的功能示意图

（2）插电式混合动力汽车的特点

1）增加制动能量回收、行驶（巡航）充电、高速纯电动行驶和外接充电功能。

2）高速纯电动行驶。

3）车辆具备较长的纯电续驶能力。

4）有效降低汽车在短途行驶时的整体油耗。

5）当电池电量不足时，可通过电网对电池充电。

（3）插电式混合动力汽车发展情况和典型车型

根据乘联会的数据，2024 年 1 月，新能源汽车的零售销量高达 66.8 万辆，其中 PHEV 车型的销量达到 28.6 万辆，同比增长率高达 163.6%。这一增长幅度几乎是纯电车型的两倍，显示出 PHEV 车型在市场上的强劲势头。插电混动技术也在不断创新和升级。部分企业在原有串并联混动技术的基础上持续创新，形成了自有技术属性的特点，多元化的构型在行业中形成了引领之势。

插电式混合动力汽车的主要厂商包括比亚迪、长安、丰田、长城等，退出的车型也种类繁多，图 1-3-6 所示为长安推出的启源 A07。

图 1-3-6　长安启源 A07

3. 燃料电池汽车的功能示意图及特点

（1）燃料电池汽车的功能示意图

燃料电池汽车是以燃料电池系统作为单一动力源或者是以燃料电池系统与可充电电动系统作为混合动力源的电动汽车。

其本质是一种电化学装置，其单体电池是由正负两个电极（负极即燃料电极和正极即氧化剂电极）以及电解质组成。不同的是一般电池的活性物质存储在电池内部，限制了电池容量。而燃料电池的正、负极本身不包含活性物质，只是个催化转换元件。因此燃料电池是名副其实的把化学能转化为电能的能量转换机器。电池工作时，燃料和氧化剂由外部供给，进行反应。原则上只要反应物不断输入，反应产物不断排除，燃料电池就能连续地发电。以氢燃料为例说明燃料电池汽车功能示意图如图 1-3-7 所示。

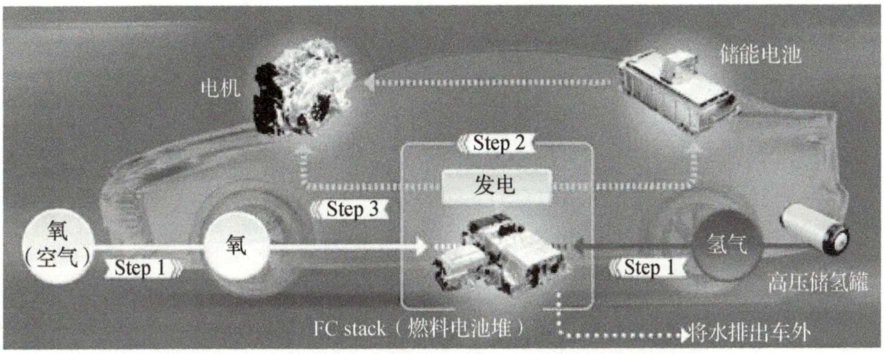
储能电池
电机
Step 2
发电
Step 3
氧
（空气）
Step 1
氧
氢气
Step 1
高压储氢罐
FC stack（燃料电池堆）
将水排出车外

图 1-3-7　以氢燃料为例说明燃料电池汽车功能示意图

（2）燃料电池汽车的特点

1）燃料直接通过电化学反应产生电能，转换率高达 50%~70%。

2）氢资源丰富且热值高。

3）具备传统汽车无法比拟的 NVH 性能。

4）使用过程零排放的是水，无污染。

（3）燃料电池汽车代表作

燃料电池汽车代表作长安深蓝如图 1-3-8 所示，丰田 Mirai 如图 1-3-9 所示。

图 1-3-8　长安深蓝

MIRAI
图 1-3-9　丰田 Mirai

四、任务小结

1. 纯电动汽车的特点。

2. 插电式混合动力汽车的特点。

3. 燃料电池汽车的特点。

任务工单

任务名称	新能源汽车的类型与特点				
姓　　名		学　　号		任务成绩	
任务描述	会总结新能源汽车的特点				

一、资讯

1. 纯电动汽车的特点：

2. 插电式混合动力汽车的特点：

3. 燃料电池汽车的特点：

二、计划与决策

根据任务要求，确定所需要的设备、工具，并对小组成员进行合理分工，制订详细的计划。

1. 需要设备工具

2. 小组成员分工

3. 制订计划与决策

三、实施

1. 实施步骤

2. 总结实施过程中的注意事项

四、检查

五、评估

1. 自己任务完成的情况，对自己的工作进行自我评估，并提出改进意见。

1）

2）

2. 工单成绩

自我评价	组长评价	教师评价	总分

New Energy Vehicle

02 项目 2 新能源汽车专用工具的使用与规范

任务 1　新能源汽车专用检测工具的使用

素养目标

1. 严格按照维修手册要求，用新能源汽车专用工具打每个螺钉的扭力。通过强调细节，教师可以培养学生精益求精的工匠精神。

2. 新能源汽车电池包内高压电，通过分电盒供给各个用电设备。因此，新能源整车安全检测用的各种专用工具的正确使用显得尤为重要。在使用专用工具的过程中，学生可提升规矩意识、安全意识、法制意识。

一、任务导入

针对某 4S 店新进员工进行技术培训，要求你讲解并规范使用新能源汽车维修工具及检测设备，并协助他们通过入职测试。

二、学习目标

知识目标：

➢ 能够独立规范使用绝缘拆装工具。

➢ 能够独立规范使用绝缘测试仪。

➢ 能够独立规范使用数字电流钳。

职业素养目标：

➢ 掌握用电安全与防护知识，养成严谨的工作态度。

➢ 严格按要求规范使用维修工具和设备。

➢ 良好的职业道德。

➢ 严格执行 6S 管理。

三、理论知识

在对新能源汽车进行维修时，由于存在高压电路，除了需要检查并佩戴高压绝缘手套、护目镜、绝缘安全帽、绝缘鞋等防护用品，同时必须使用专用的维修工具及检测设备。

1. 绝缘工具

绝缘工具是采用绝缘材料进行加工并适用于电气系统拆装等操作的使用工具。新能源汽车涉及高压的部分零部件拆装必须使用绝缘（安全）拆装工具。绝缘拆装工具必须装有耐压 1000V 以上的绝缘柄，绝缘拆装工具如图 2-1-1 所示，图 2-1-2 为绝缘扭力扳手。零部件拆下来后须放在绝缘台架上，如图 2-1-3 所示，新能源汽车拆装常用绝缘垫如图 2-1-4 所示。

绝缘拆装工具

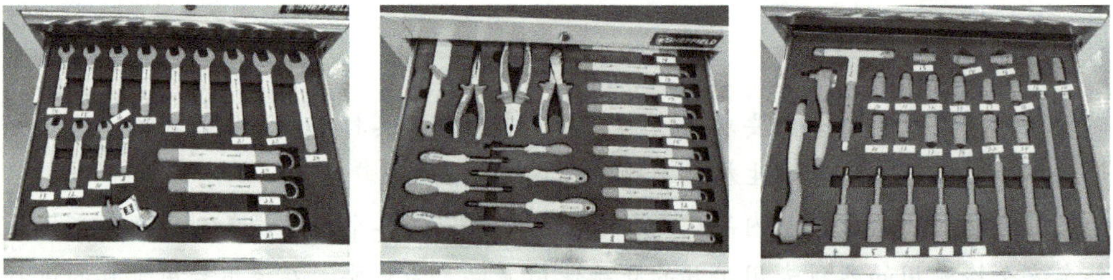

图 2-1-1　绝缘拆装工具

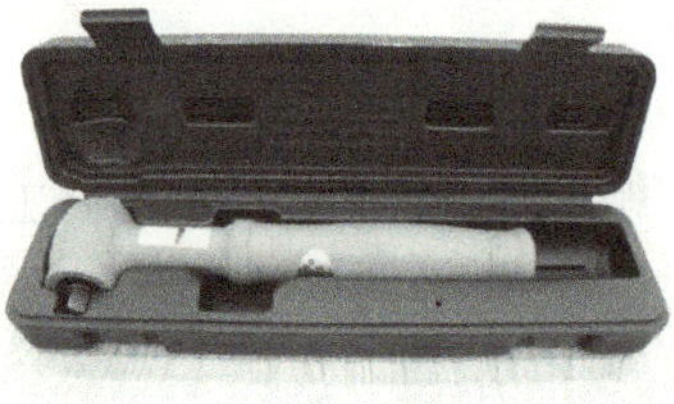

图 2-1-2　绝缘扭力扳手

图 2-1-3　绝缘台架

图 2-1-4　绝缘垫

绝缘工具的使用方法与普通工具相同，但是有以下特别需要注意的事项：

1）应有专门的工具室存放。

2）如发现绝缘工具损伤或受潮，应及时进行检修和干燥处理，试验合格后方可使用。

3）绝缘工具必须按规定定期进行绝缘性能的试验，不符合试验要求的，禁止使用。

2. 检测仪器

新能源汽车维修使用的检测仪表有数字式万用表、绝缘测试仪、数字电流钳、放电计等。

（1）数字式万用表

数字式万用表应符合 CAT Ⅲ安全级别的要求。有些汽车专用的万用表，还具有测量转速（r/min）、百分比（占空比，%）、脉冲宽度（ms）等功能。选择任意测量功能档即可启动仪表。数字式万用表如图 2-1-5 所示。

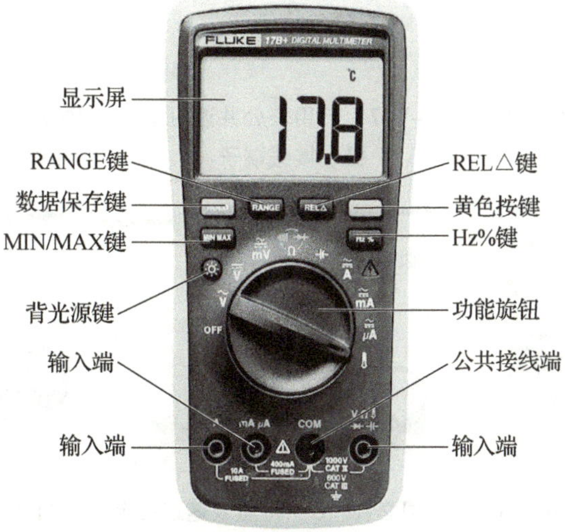
显示屏
RANGE键
数据保存键
MIN/MAX键
背光源键
输入端
输入端
REL△键
黄色按键
Hz%键
功能旋钮
公共接线端
输入端
FLUKE
17B+ DIGITAL MULTIMETER
17.8
RANGE
REL△
COM
OFF
mA µA
10A FUSED
400mA FUSED
1000V CAT Ⅱ
600V CAT Ⅲ

图 2-1-5　数字式万用表

数字式万用表的使用

1）万用表通常具备以下检测功能。

①交流 / 直流（AC/DC）电压、电流。

②电阻。

③频率（Hz）。

④温度（TEMP）。

⑤二极管。

⑥连通性。

⑦电容。

⑧绝缘测试（低压）。

2）数字式万用表接口认识。

①万用表右侧红色端子是用于电压、电阻、通断性、二极管、电容测量的输入端子，如图 2-1-6 所示。

②万用表右侧黑色端子用于所有测量的公共返回（负极）接线端子，如图 2-1-7 所示。

③万用表左侧第二个红色端子用于进行交流电与直流电微安与毫安测量的输入端子，最大量程为 400mA，如图 2-1-8 所示。

④万用表左侧第一个红色端子是进行交流电与直流电（最高 10A）电流测量的输入端子，如图 2-1-9 所示。

⑤将黑表笔连接至 COM 端子，如图 2-1-10 所示。

⑥将红表笔连接至电压、电阻测量的输入端子，如图 2-1-11 所示。

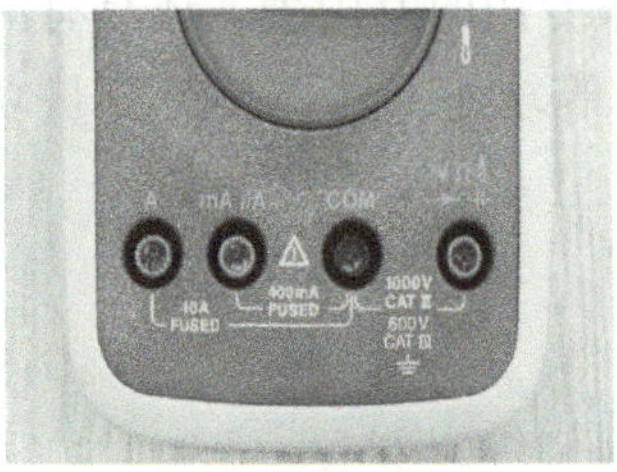
A
mA μA
COM
10A FUSED
400mA FUSED
1000V CAT II
600V CAT III
图 2-1-6　万用表电压等测试输入端子

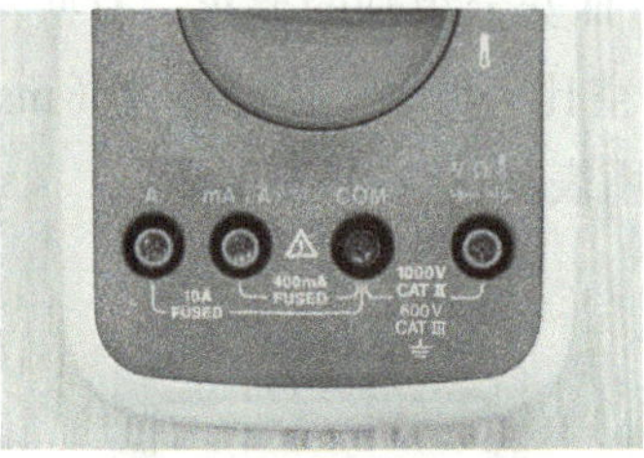
A
mA μA
COM
10A FUSED
400mA FUSED
1000V CAT II
600V CAT III
图 2-1-7　万用表公共返回（负极）接线端子

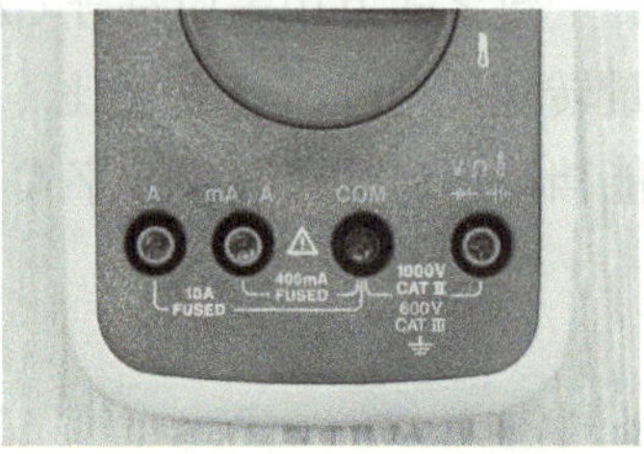
A
mA μA
COM
10A FUSED
400mA FUSED
1000V CAT II
600V CAT III
图 2-1-8　万用表交流电与直流电微安与毫安测量的输入端子

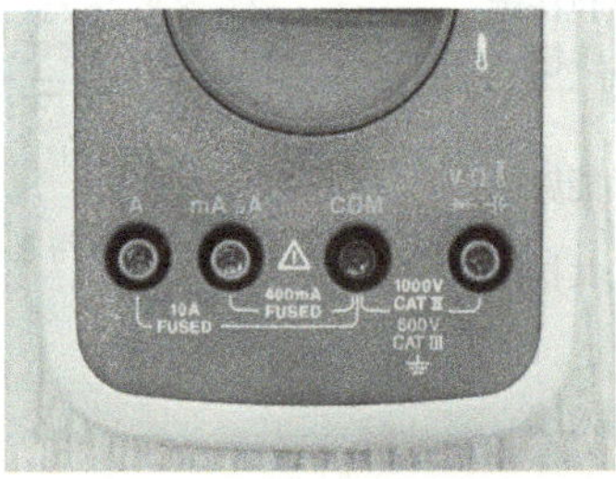
A
mA μA
COM
10A FUSED
400mA FUSED
1000V CAT II
600V CAT III
图 2-1-9　万用表交流电与直流电电流测量的输入端子

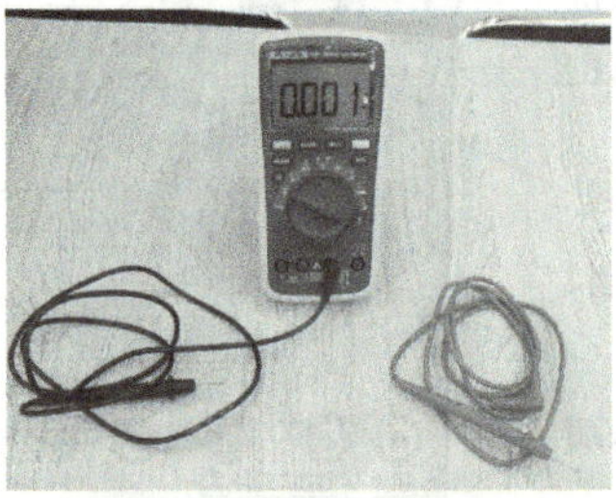
图 2-1-10　将黑表笔连接至 COM 端子

图 2-1-11　将红表笔连接至电压、电阻测量输入端子

⑦转动旋钮，选择相应的项目进行测试，如图 2-1-12 所示。

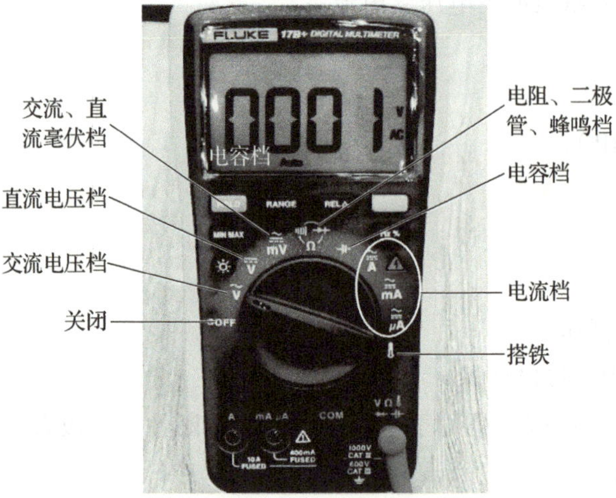
FLUKE
交流、直流毫伏档
直流电压档
交流电压档
关闭
电阻、二极管、蜂鸣档
电容档
电容档
电流档
搭铁
RANGE
MIN MAX
OFF
COM
图 2-1-12　数字式万用表档位介绍

温馨提示

在使用万用表时，请勿用手去触摸表笔的金属部分，一方面保证测量的准确性，另一方面也可以保证人身安全；当检查内部线路阻值时，要保证被测线路所有电源断电；万用表使用完毕，应将开关关闭，如果长期不使用，还应将万用表内部电池取出，以避免电池腐蚀万用表内部其他部件。

（2）绝缘测试仪

电动汽车的运行情况非常复杂，在运行过程中难免会出现部件间的相互碰撞、摩擦、挤压，导致高压电路与车辆底盘之间的绝缘性能下降，电源正负极引线将通过绝缘层和底盘构成漏电流回路。或者电池包内继电器粘连引起车辆不绝缘。当高压电路和底盘之间发生多点绝缘性能下降时，还会导致漏电回路的热积累效应，可能造成车辆的电气火灾。因此，高压电气系统相对车辆底盘的电气绝缘性能实时检测是电动汽车电气安全技术的核心内容。

电气绝缘性能检测时需要使用专用的绝缘测试仪器（图 2-1-13），测量高压电缆及零部件对车身绝缘电阻是否位于规定值范围内。

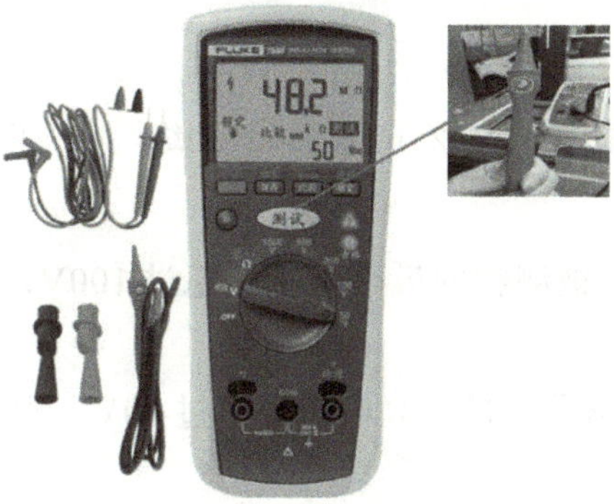

绝缘测试仪的使用

图 2-1-13　绝缘测试仪

1）绝缘测试仪的档位认识。

①电压档。可测量交流或直流电压，测量范围为 0.1~600V，如图 2-1-14 所示。

②欧姆档。测量搭铁耦合电阻，测量范围为 0.01Ω~20kΩ，如图 2-1-15 所示。

③绝缘测试范围。测量范围为 0.01~10GΩ，如图 2-1-16 所示。

图 2-1-14　电压档

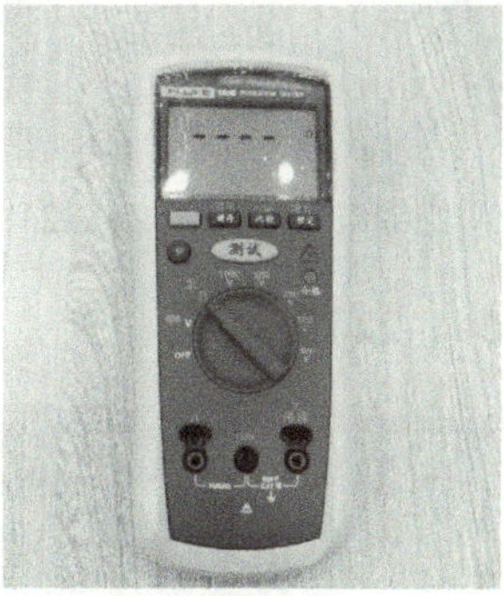

图 2-1-15　欧姆档

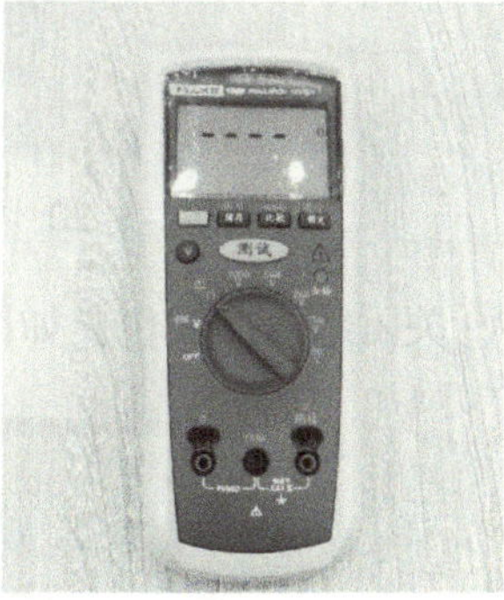

图 2-1-16　绝缘测试范围（0.01~10GΩ）

④ 1000V 绝缘电压档。被测物的最高电压不超过 1000V 时进行绝缘测试，如图 2-1-17 所示。

⑤ 500V 绝缘电压档。被测物的最高电压不超过 500V，用该档位进行绝缘测试，

如图 2-1-18 所示。

⑥ 250V 绝缘电压档。被测物的最高电压不超过 250V，用该档位进行绝缘测试，如图 2-1-19 所示。

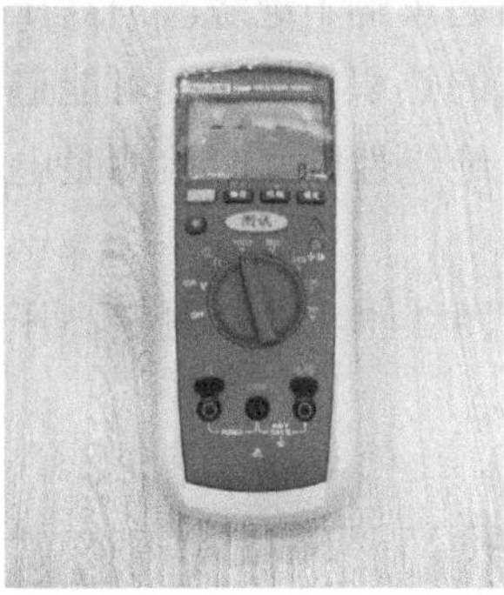

图 2-1-17　1000V 绝缘电压档

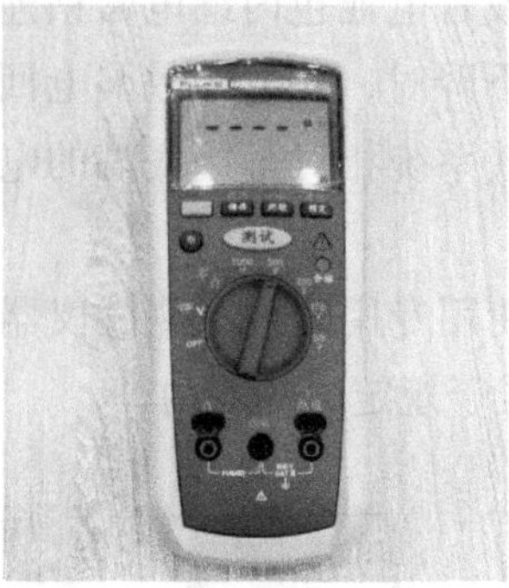

图 2-1-18　500V 绝缘电压档

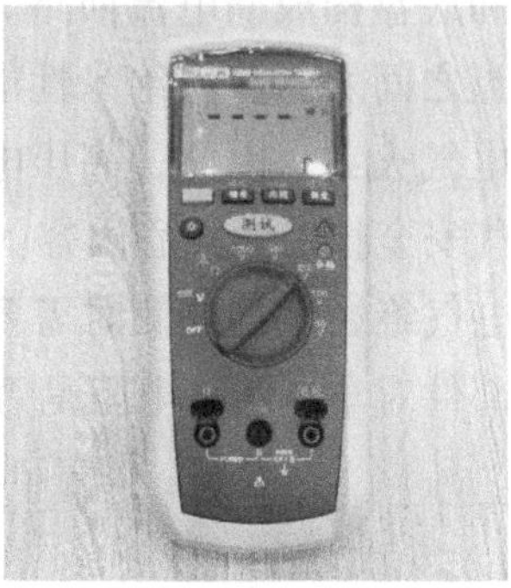

图 2-1-19　250V 绝缘电压档

⑦ 100V 绝缘电压档。被测物的最高电压不超过 100V，用该档位进行绝缘测试，如图 2-1-20 所示。

⑧ 50V 绝缘电压档，被测物的最高电压不超过 50V，用该档位进行绝缘测试，如图 2-1-21 所示。

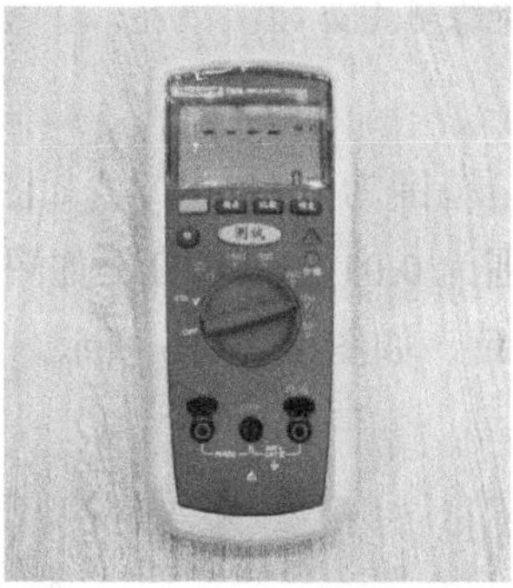

图 2-1-20　100V 绝缘电压档

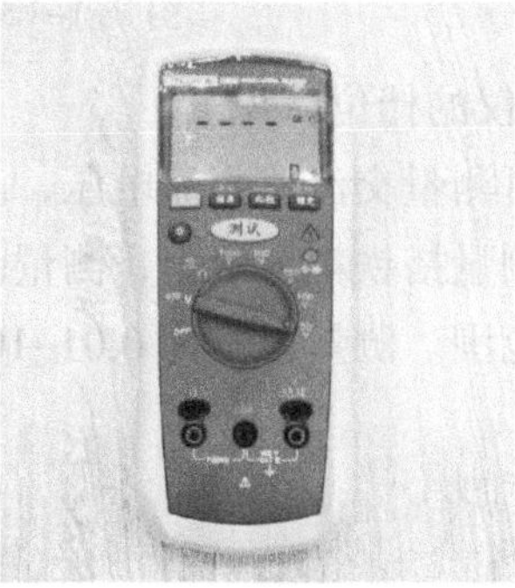

图 2-1-21　50V 绝缘电压档

⑨关闭绝缘测试仪，如图 2-1-22 所示。

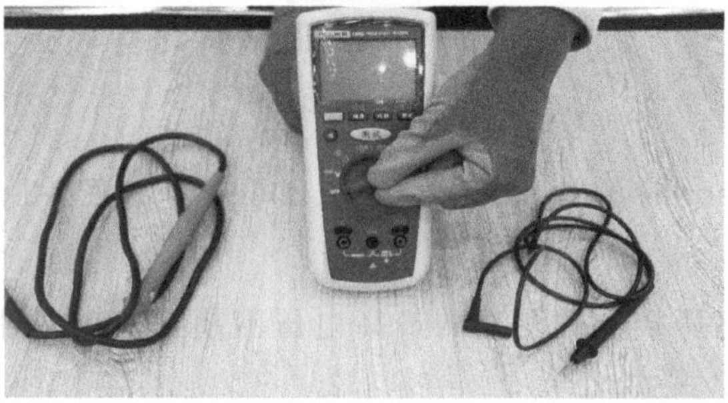

图 2-1-22　关闭绝缘测试仪

2）使用方法。

①绝缘测试（图 2-1-23）。

a. 佩戴绝缘手套。

b. 将旋钮开关从 OFF 档拧到需要的档位。

c. 根据连线方式将其中一端接车身地，另外一个探头接待测端，按住 TEST 按键开始测试。主显示位置显示绝缘电阻读数，直到开始新的测试或者选择了不同功能或量程。

②测量电压（图 2-1-24）。

a. 选择测量电压的连接线。

b. 将旋钮开关从 OFF 档拧到电压档位。

c. 两只表笔分别测量检测点，表盘显示相应电压数值。

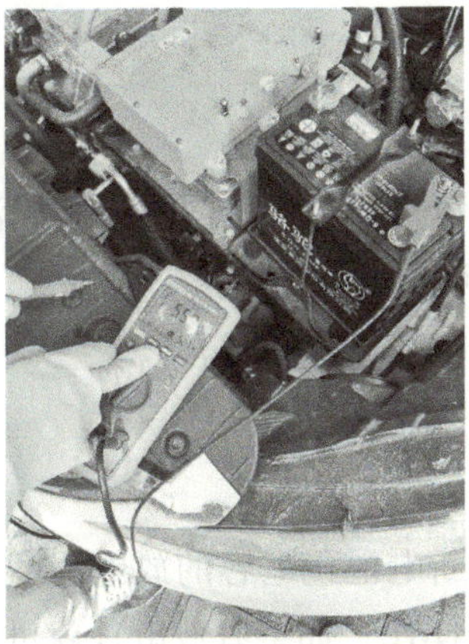

图 2-1-23　绝缘测试

图 2-1-24　测量电压

（3）数字电流钳

在新能源汽车维修与诊断时，经常会需要测量导线中的电流。由于驱动系统的导线（如逆变器与电机之间）存在较大的交变电流，必须使用电流钳进行间接测量。

目前常用的电流钳，如 FLUKE 381，如图 2-1-25 所示。

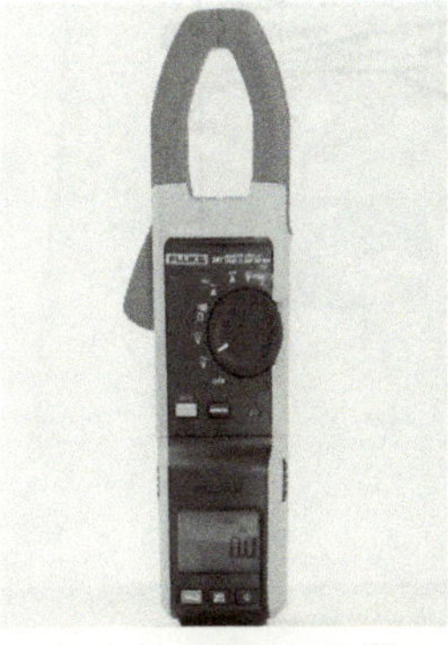

图 2-1-25　FLUKE 381 电流钳

数字电流钳及放电计的使用

其工作部分主要由一只电流表和穿心式电流互感器组成。穿心式电流互感器铁芯制成活动开口，且成钳形，故名钳形电流表。是一种不需断开电路就可直接测电路中交流电流或者直流电流的便携式仪表。

钳形电流表的原理是建立在电流互感器工作原理的一种不需断开电路就可直接测电路交流电流的携带式仪表基础上的，当放松扳手铁芯闭合后，根据互感器的原理而在其二次绕组上产生感应电流，从而指示出被测电流的数值。当握紧钳形电流表扳手时，电流互感器的铁芯可以张开，被测电流的导线进入钳口内部作为电流互感器的一次绕组。

FLUKE 381 电流钳特性如下：

1）可以滤除噪声，精确地捕获电机起动电流。

2）集成有低通滤波器和最新技术的信号处理功能，可在噪声较高的电气环境中使用，同时提供稳定读数。

3）人体工程学设计，更适合单手操作。

4）易读的大号显示屏，自动量程识别。

5）交直流电压和交直流电流测量功能，可对非线性信号进行精确测量。

6）最大值 / 最小值 / 平均值记录功能，可自动捕获各种变化。

7）读数保持功能，背光照明功能，适合光线不好的场合。

8）清零功能，可以将显示屏清零，进行直流测量。

（4）放电计

放电计（图 2-1-26）可以比较准确地判断电池包电容的放电程度。当拔下动力电池高压线束时，要求等 5min 才能进行下一步操作，如果有放电计就可以放电后立即操作。放电过程中指示灯会亮，如图 2-1-27 所示，当指示灯熄灭后就表明余电已经放完，可以安全操作了。

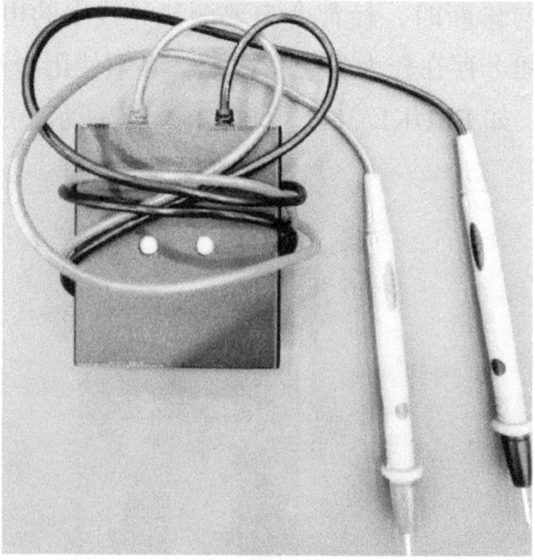

图 2-1-26　放电计

图 2-1-27　放电计的操作

（5）故障诊断仪

长安新能源汽车采用 KT700 故障诊断仪，将诊断软件安装在电脑终端上（图 2-1-28），通过通信电缆（诊断盒子）与车载 OBD 诊断座连接，与车辆的控制模块通信进行故障诊断，如图 2-1-29 所示。诊断仪与电脑之间的连接方式有 USB 连接、有线网络连接和无线网络连接三种。

故障诊断仪的使用

KT700长安专用
汽车诊断
ECU 刷写
维修帮助
抓屏
回放
设置
帮助
反馈
中国车系
长安

图 2-1-28　诊断系统界面

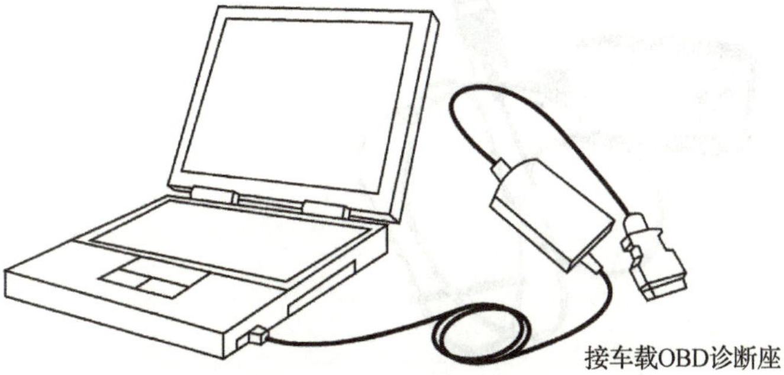
接车载OBD诊断座

图 2-1-29　连接方式

1）USB 连接（图 2-1-30）。

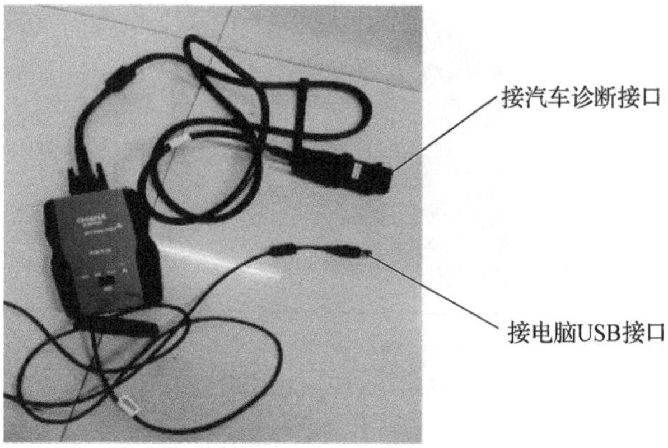
接汽车诊断接口
接电脑USB接口

图 2-1-30　USB 连接

2）有线网络连接（图 2-1-31）。

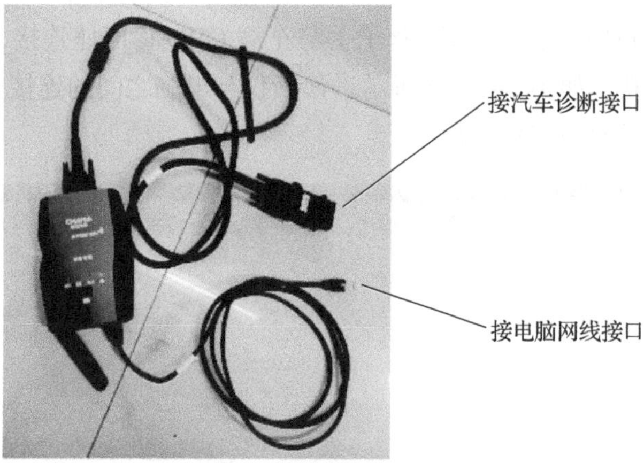
接汽车诊断接口
接电脑网线接口

图 2-1-31　有线网络连接

3）无线网络连接（图 2-1-32）。

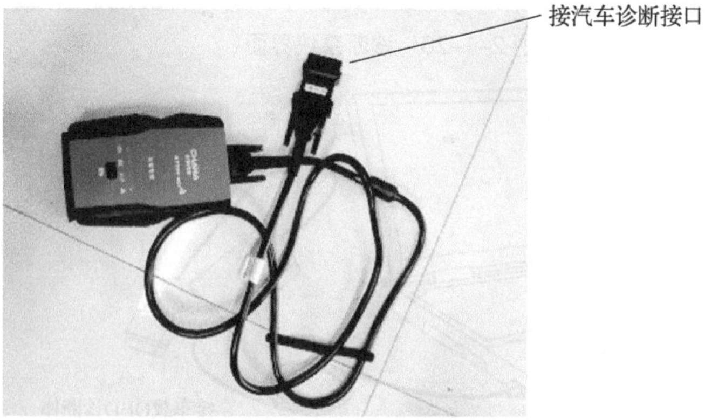
接汽车诊断接口

图 2-1-32　无线网络连接

首先按 2 记录按键标识，在不松开的情况下连接汽车诊断口通电，并保持不松开 5s 到蓝牙连接盒（VCI）进入无线网络通信模式，电脑即可搜索连接无线网络。

4）界面操作。

①厂家选择（图 2-1-33）。

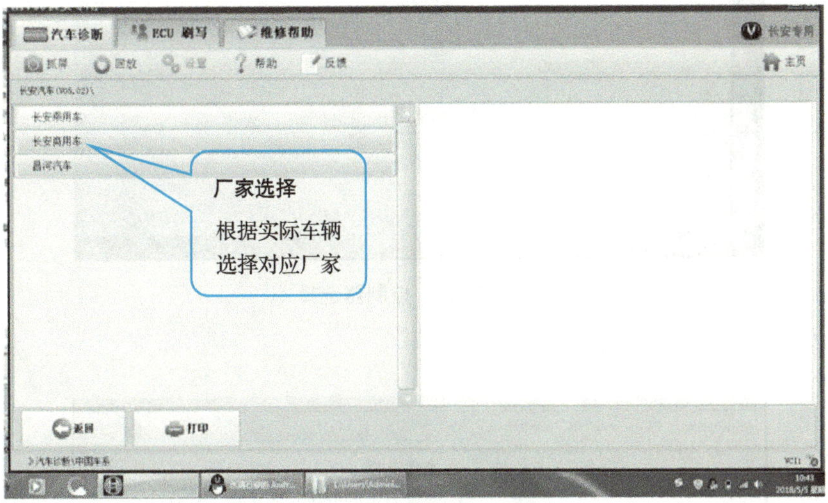
厂家选择
根据实际车辆选择对应厂家

图 2-1-33　厂家选择

②车型选择（图 2-1-34）。

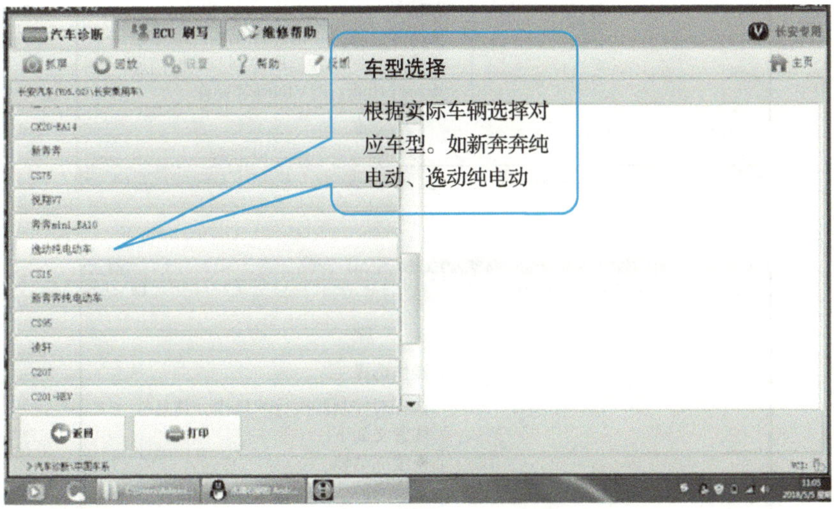
车型选择
根据实际车辆选择对应车型。如新奔奔纯电动、逸动纯电动

图 2-1-34　车型选择

③车型年代。

④控制器选择（图 2-1-35）。

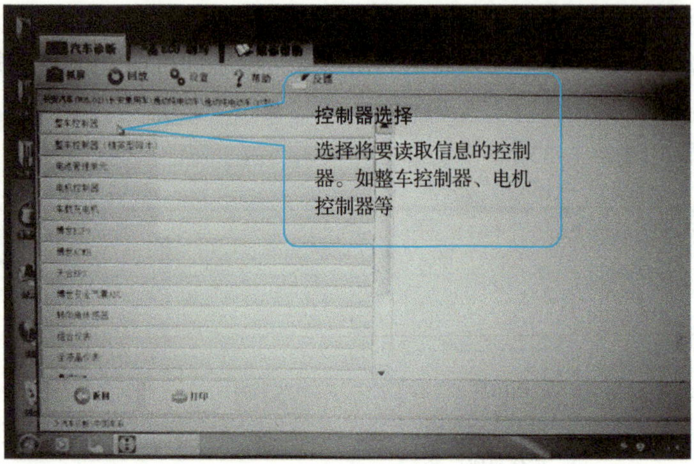
控制器选择
选择将要读取信息的控制器。如整车控制器、电机控制器等

图 2-1-35　控制器选择

⑤操作选择（图 2-1-36）。

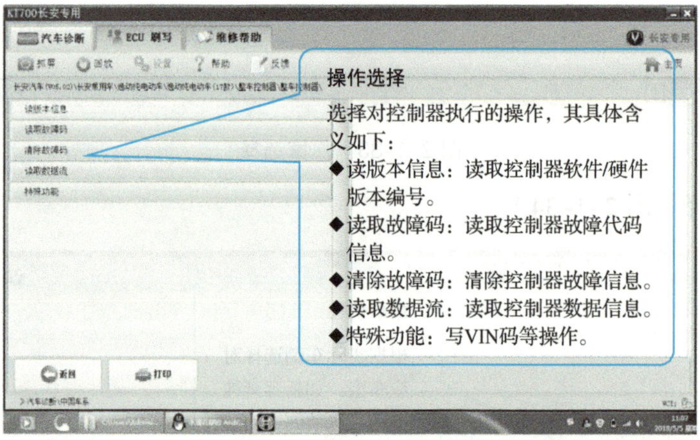
KT700长安专用
操作选择
选择对控制器执行的操作，其具体含义如下：
◆读版本信息：读取控制器软件/硬件版本编号。
◆读取故障码：读取控制器故障代码信息。
◆清除故障码：清除控制器故障信息。
◆读取数据流：读取控制器数据信息。
◆特殊功能：写VIN码等操作。

a）

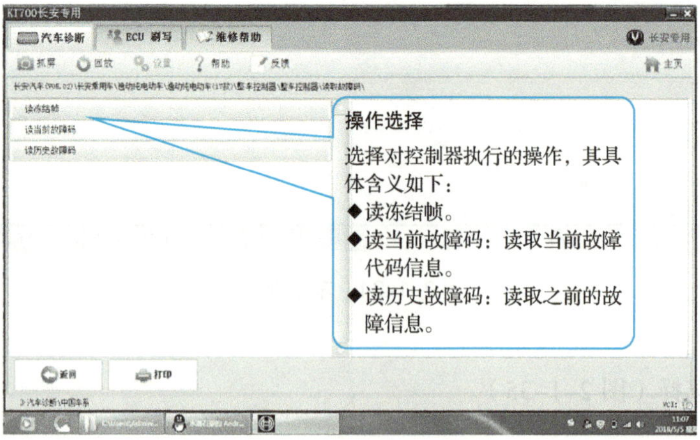
KT700长安专用
操作选择
选择对控制器执行的操作，其具体含义如下：
◆读冻结帧。
◆读当前故障码：读取当前故障代码信息。
◆读历史故障码：读取之前的故障信息。

b）

图 2-1-36　操作选择

⑥读取故障代码信息（图 2-1-37）。

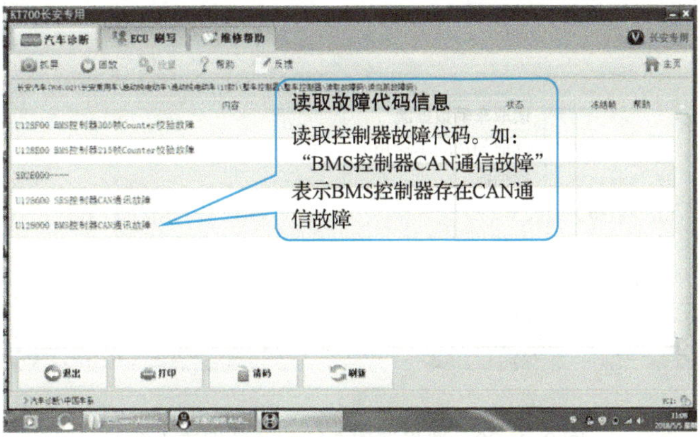
读取故障代码信息
读取控制器故障代码。如：
“BMS控制器CAN通信故障”
表示BMS控制器存在CAN通
信故障

图 2-1-37　读取故障代码信息

⑦读取车辆数据信息（图 2-1-38）。

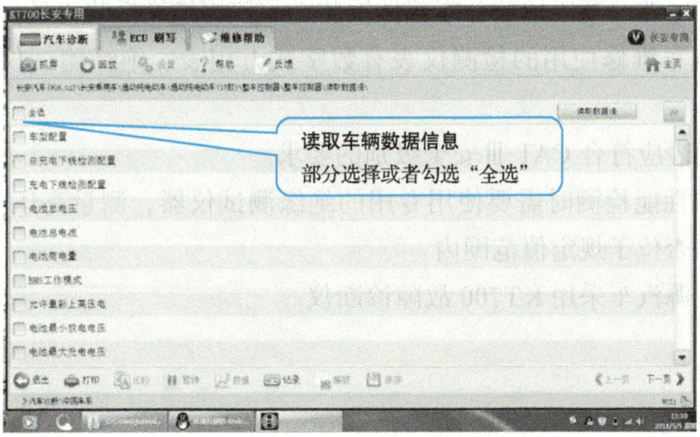
读取车辆数据信息
部分选择或者勾选“全选”

图 2-1-38　读取车辆数据信息

⑧选择读取车辆相关数据流，如图 2-1-39 所示。

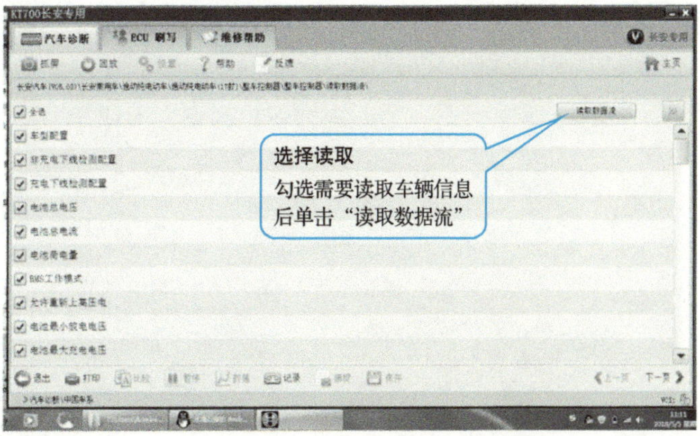
选择读取
勾选需要读取车辆信息
后单击“读取数据流”

a）

图 2-1-39　选择读取车辆相关数据流

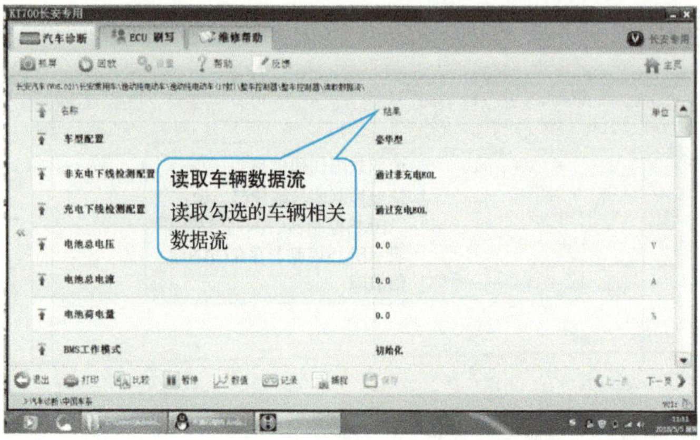
KT700长安专用
汽车诊断
ECU 刷写
维修帮助
名称
结果
单位
车型配置
豪华型
非充电下线检测配置
通过非充电EOL
充电下线检测配置
通过充电EOL
电池总电压
0.0
V
电池总电流
0.0
A
电池荷电量
0.0
%
BMS工作模式
初始化
读取车辆数据流
读取勾选的车辆相关数据流

b）

图 2-1-39　选择读取车辆相关数据流（续）

四、任务小结

1. 新能源汽车涉及高压的部分零部件拆装必须使用绝缘拆装工具。

2. 新能源汽车维修使用的检测仪表有数字式万用表、绝缘测试仪、数字电流钳、放电计等。

3. 数字万用表应符合 CAT Ⅲ安全级别的要求。

4. 电气绝缘性能检测时需要使用专用的绝缘测试仪器，测量高压电缆及零部件对车身绝缘电阻是否位于规定值范围内。

5. 长安新能源汽车采用 KT700 故障诊断仪。

任务工单

<table>
<tr><td>任务名称</td><td colspan="5">新能源汽车专用检测工具的使用</td></tr>
<tr><td>姓　　名</td><td></td><td>学　　号</td><td></td><td>任务成绩</td><td></td></tr>
<tr><td>实训设备工具</td><td colspan="5">新能源绝缘工具、数字万用表、绝缘检测仪、KT700 故障诊断仪</td></tr>
<tr><td>任务描述</td><td colspan="5">使用新能源维修工具、设备进行检测</td></tr>
<tr><td>任务目的</td><td colspan="5">能正确使用新能源维修工具、设备进行检测</td></tr>
</table>

一、资讯

1. 绝缘工具的使用方法与普通工具相同，但是有哪些需要特别注意的事项？

2. 进行测试前要进行哪些安全防护？

3. 绝缘检测仪的使用方法及注意事项有哪些？

二、计划与决策

根据任务要求，确定所需要的设备、工具，并对小组成员进行合理分工，制订详细的计划。

1. 需要设备工具

2. 小组成员分工

3. 制订计划与决策

三、实施

1. 实施步骤

（1）利用相关检测工具完成电池包部件的检测

1）利用绝缘测试仪测量电池包维修开关插头绝缘电阻________MΩ，电池包安全开关插头正负接线电压________V。

2）利用绝缘测试仪测量电池包快充插接件端口绝缘电阻________MΩ，利用绝缘测试仪测量动力电池高压铜排绝缘电阻________MΩ。

3）利用数字万用表测量单体电池电压________V。

4）利用数字万用表测量预充电阻________Ω，高压熔断器电阻________Ω。

5）利用数字万用表测量电池包维修开关插头与直流充电口高压互锁线路________导通。

（2）使用 KT700 读取故障码及数据流

序号	故障代码	故障信息	
1			
2			
3			
序号	数据流名称	记录结果	正常与否
1	最高单体电压		
2	最低单体电压		
3	预充继电器闭合情况		
4	主正继电器闭合情况		

2. 总结实施过程中的注意事项

四、检查

五、评估

1. 自己任务完成的情况，对自己的工作进行自我评估，并提出改进意见。

1）

2）

2. 工单成绩

自我评价	组长评价	教师评价	总分

任务 2　电池包均衡仪设备的使用

素养目标

电池包均衡仪及被均衡对象电池包模组均带高压电，其操作一定按照步骤进行。规矩意识和规范意识显得尤为重要。在实训的过程中，教师可潜移默化地培养学生职业操守和职业道德。

一、任务导入

某 4S 店，车辆起动后报动力故障，通过诊断仪读到电池管理系统“单体电压均衡失效”故障。该怎么解决这个问题呢？

二、学习目标

知识目标：

- 会用诊断仪检测整车故障。
- 能够独立规范连接电池包均衡仪。
- 能够独立规范使用电池包均衡仪，并对电池包内单体进行均衡。

职业素养目标：

- 掌握用电安全与防护知识，养成严谨的工作态度。
- 严格按要求规范使用电池包均衡仪。
- 培养学生持之以恒解决复杂问题的能力。
- 严格执行 6S 管理。

动力电池均衡仪的使用

三、理论知识

动力电池均衡仪（Battery Balancer）主要用于电动汽车、太阳能储能系统、无人机等场景中，它的主要作用是对串联或并联的动力电池组进行充放电均衡管理，以提高整个电池组的性能和使用寿命。

具体操作如下：

（1）均衡仪与电脑连接

各服务站根据自己购买的设备自行安装对应软件并进行对应的设置，将电池检测系统通过网线与电脑相连，连接如图 2-2-1 所示。

（2）硬件连接

电池检测系统与电池模组相连，连接如图 2-2-2 所示。

（3）启动设备，打开软件进入电脑界面

双击打开软件图标，操作软件，进入工作界面，并单击“用户”。工作界面如

图 2-2-3 所示。

图 2-2-1　均衡仪与电脑连接

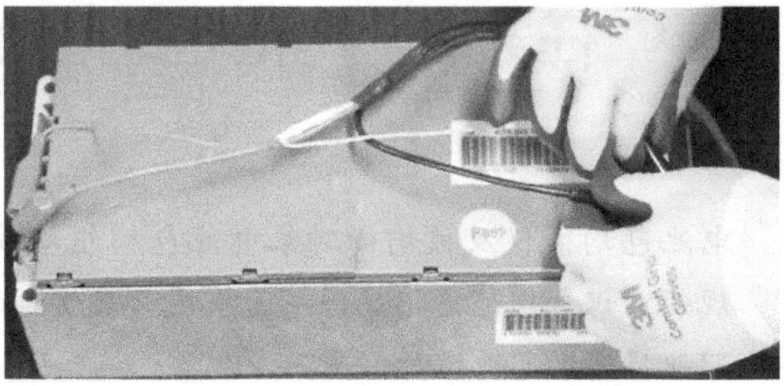

图 2-2-2　电池检测系统与电池模组连接

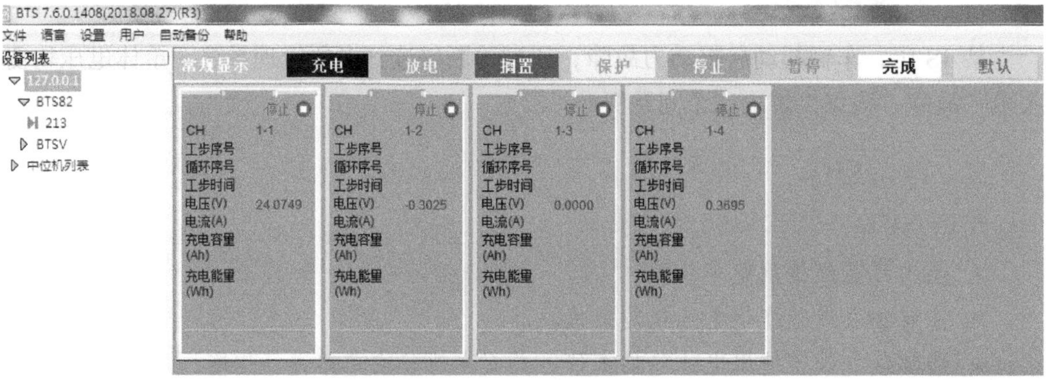
BTS 7.6.0.1408(2018.08.27)(R3)
文件 语言 设置 用户 自动备份 帮助
设备列表
127.0.0.1
BTS82
213
BTSV
中位机列表
常规显示
充电
放电
搁置
保护
停止
暂停
完成
默认
停止
CH 1-1
工步序号
循环序号
工步时间
电压(V) 24.0749
电流(A)
充电容量 (Ah)
充电能量 (Wh)
CH 1-2
电压(V) -0.3025
CH 1-3
电压(V) 0.0000
CH 1-4
电压(V) 0.3695

图 2-2-3　均衡仪工作界面

（4）选择通道

选择通道，重置映射，单击“启动”。操作如图 2-2-4 所示。

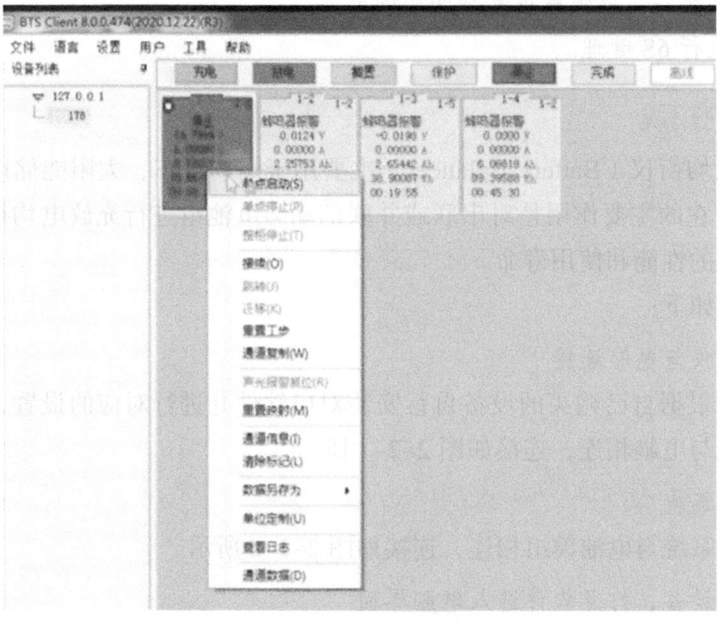
BTS Client 8.0.0.474(2020.12.22)(R3)
文件 语言 设置 用户 工具 帮助
设备列表
127.0.0.1
充电
搁置
保护
完成
蜂鸣器报警
重置工步
通道复制(W)
重置映射(M)
通道信息(I)
清除标记(L)
数据另存为
单位定制(U)
查看日志
通道数据(D)

图 2-2-4　单击“启动”操作界面

（5）设置工步

工步 1：搁置，搁置时间为 3~5min。

工步 2：进行恒流充电，根据所均衡模组选择电压。电流设置为：充电电流≤10A。

工步 3：进行恒压充电，根据所均衡模组选择电压。电流设置为：充电电流≤10A，截止条件为：充电电流≤2A（理论值为容量的 2%）。

工步 4：搁置，搁置时间为 3~5min。

工步 5：恒流放电，设置放电的电压和电流。

工步 6：循环，起步工步 1，循环次数一般设置 3~5 次。

工步 7：恒流充电，电压设置为目标电压：U 为 10mV，电流设置为：充电电流≤10A。

工步 8：搁置，搁置时间为 3~5min。

工步 9：结束。

设置工步操作界面如图 2-2-5 所示。

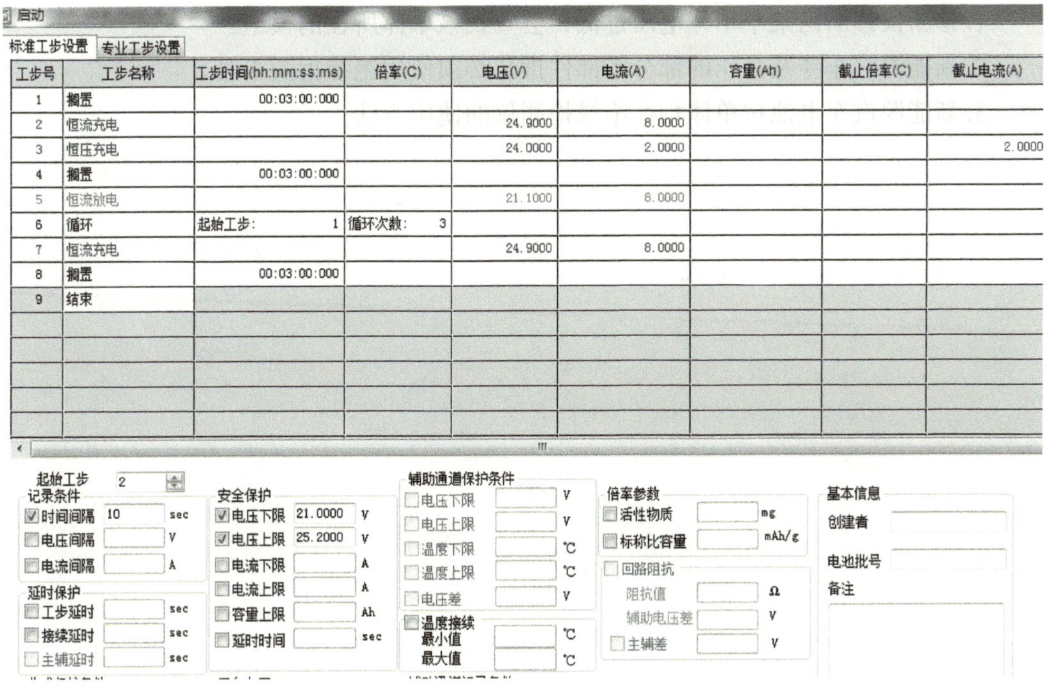
启动
标准工步设置
专业工步设置
起始工步 2
记录条件
时间间隔 10 sec
电压间隔 V
电流间隔 A
延时保护
工步延时 sec
接续延时 sec
主辅延时 sec
安全保护
电压下限 21.0000 V
电压上限 25.2000 V
电流下限 A
电流上限 A
容量上限 Ah
延时时间 sec
辅助通道保护条件
电压下限 V
电压上限 V
温度下限 ℃
温度上限 ℃
电压差 V
温度接续
最小值 ℃
最大值 ℃
倍率参数
活性物质 mg
标称比容量 mAh/g
回路阻抗
阻抗值 Ω
辅助电压差 V
主辅差 V
基本信息
创建者
电池批号
备注

工步号	工步名称	工步时间(hh:mm:ss:ms)	倍率(C)	电压(V)	电流(A)	容量(Ah)	截止倍率(C)	截止电流(A)
1	搁置	00:03:00:000						
2	恒流充电			24.9000	8.0000			
3	恒压充电			24.0000	2.0000			2.0000
4	搁置	00:03:00:000						
5	恒流放电			21.1000	8.0000			
6	循环	起始工步: 1	循环次数: 3					
7	恒流充电			24.9000	8.0000			
8	搁置	00:03:00:000						
9	结束							

图 2-2-5　设置工步操作界面

（6）设置电压保护

1）由于单体电压理论上限为 4.2V，下限为 2.5V。建议设置上限为 4.15V，下限为 2.6V。

2）模组电压理论上限为 $m\times4.2$V，下限为 $m\times2.5$V（其中 m 为模组串数）。建议设置上限为 $m\times4.15$V，下限为 $m\times2.6$V。

3）电流上限设置为 10A。

（7）设备运行

单击“确定”按钮，开始均衡。如图 2-2-6 所示。

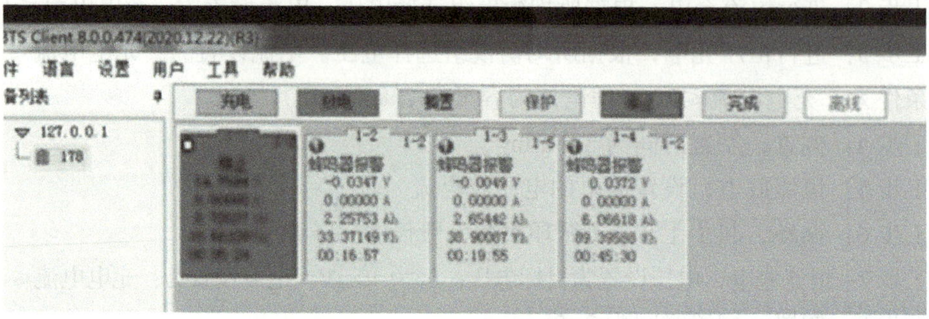
BTS Client 8.0.0.474(2020.12.22)(R3)
语言
设置
用户
工具
帮助
127.0.0.1
充电
保护
完成
蜂鸣器报警
-0.0347 V
0.00000 A
2.25753 Ah
33.37149 Wh
00:16:57
蜂鸣器报警
-0.0049 V
0.00000 A
2.65442 Ah
38.90087 Wh
00:19:55
蜂鸣器报警
0.0372 V
0.00000 A
6.06618 Ah
89.39588 Wh
00:45:30

图 2-2-6　设备开始均衡界面

四、任务小结

1. 诊断仪诊断出某个单体电压过低，会查找该单体所在的模组。
2. 新能源汽车涉及高压的部分零部件拆装必须使用绝缘拆装工具。
3. 新能源汽车电池包单体均衡绝缘检测仪的使用方法。

任务工单

任务名称	电池包均衡仪设备的使用			
姓　　名		学　　号		任务成绩
实训设备工具	新能源专用工具车、数字万用表、绝缘检测仪、均衡仪及软件设备			
任务描述	使用新能源均衡仪对电池包单体进行均衡			
任务目的	能正确使用新能源维修工具、均衡仪对电池包单体进行均衡，达到电池包单体电压基本一致的状态			

一、资讯

1. 电池包均衡仪有哪些需要特别注意的事项？

2. 进行电池包均衡前要进行哪些安全防护？

二、计划与决策

根据任务要求，确定所需要的设备、工具，并对小组成员进行合理分工，制订详细的计划。

1. 需要设备工具

2. 小组成员分工

3. 制订计划与决策

三、实施

1. 实施步骤

（1）设备连接

项目	记录	是否合格	缺陷描述
动力电池模组恒流充电时电压	________V	是□　否□	
动力电池模组恒流充电时电流	________A	是□　否□	
动力电池模组恒压充电时电压	________V	是□　否□	
动力电池模组恒压充电时截止电流	________A	是□　否□	
动力电池模组搁置一般为几分钟	________min	是□　否□	
均衡仪恒流放电时____作为截止条件	____________ ____________	是□　否□	
均衡仪使用时必须设置____保护	____________ ____________	是□　否□	
动力电池均衡仪工作状况检查		是□　否□	
动力电池均衡仪工作过程检查		是□　否□	

（2）使用KT700读取故障码及数据流

步骤一	
步骤二	
步骤三	
步骤四	

2. 总结实施过程中的注意事项

四、检查

五、评估

1. 自己任务完成的情况，对自己的工作进行自我评估，并提出改进意见。

1）

2）

2. 工单成绩

自我评价	组长评价	教师评价	总分

New Energy Vehicle

03 项目 3 新能源汽车安全操作的规范认知

任务 1　高压电的安全防护及急救措施

素养目标

1. 在新能源汽车维修的过程中，不论遇到任何紧急情况，请以正确的方式和途径去解决。培养学生遇事不惊、沉着冷静的心理素质。

2. 新能源汽车虽然自带高压电，维修者只需严格按照要求戴绝缘手套，使用专用工具诊断，使用绝缘工具检测和拆装，则不会出现安全问题。教师可培养学生安全生产的红线意识。

一、任务导入

某 4S 店维修人员，需要对深蓝车进行维修，维修之前以及维修时需要做哪些安全防护？如果不慎发生安全事故，应采取哪些急救措施？

二、学习目标

知识目标：

- 了解高压电对人体的危害。
- 熟悉高压安全与防护。
- 熟悉常见的简单急救措施。

职业素养目标：

- 培养遇事冷静处事的能力。
- 养成团队协作精神。
- 悟做人做事的基本道理。
- 严格执行 6S 管理。

触电知识及急救策略

三、理论知识

新能源汽车的非高压部件（如底盘系统、车身系统等）进行维修时，不需要专业的安全防护。但对高压系统中的高压组件进行维修时，就必须按照规定，采取有效的防护措施。每位售后服务人员都有责任完成以下工作：

1）必须遵守有关安装和健康防护的说明和规定。

2）必须使用防护装置。

3）必须使用新能源汽车规定的装备。

4）使用装备之前要进行检查，如果发现装备损坏，必须进行更换。

1. 高压系统作业的职业伤害

人碰到带电的导体，电流通过人体就叫作触电。触电后，会对人体及人体内部组织会造成不同程度的损伤。触电时，让人体受伤的是电流而不是电压。电流对人体的伤害有三种：电击、电伤和电磁场生理伤害。电击是指电流通过人体，破坏人体心脏、肺及神经系统的正常功能。电伤是指电流热效应、化学效应和机械效应对人体的伤害，主要是指电弧烧伤、熔化金属溅出烫伤等。电磁场生理伤害指在高频磁场的作用下，人会出现头晕、乏力、记忆力减退、失眠和多梦等神经系统的症状。

（1）电击电流的大小及危害

电击是由于电流流过人体而造成的。当电流流过人体时，对人体造成的伤害程度与很多因素，比如个体的体质、心情状况、电流的大小和持续时间等有关。当人体通过大约 0.6mA 的电流时，就会引起人体微麻和刺痛的感觉；通过 50mA 的电流时，就会有生命危险。一般人体经过不同大小和类型的电流时，身体的反应情况见表 3–1–1。

表 3–1–1　流过人体的电流与人体反应表

电流 /mA	50Hz 交流电	直流电
0.6~1.5	手指开始感觉发麻	无感觉
2~3	手指感觉强烈发麻	无感觉
5~7	手指肌肉感觉痉挛	手指感觉灼热和刺痛
8~10	手指关节与手掌感觉痛，手已难以脱离电源，但尚能摆脱电源	感觉灼热增加
20~25	手指感觉剧痛，迅速麻痹，不能摆脱电源，呼吸困难	灼热更增，手的肌肉开始痉挛
50~80	呼吸麻痹，心房开始振颤	强烈灼痛，手的肌肉痉挛，呼吸困难
90~100	呼吸麻痹，持续 3min 或更长时间后，心脏麻痹或心房停止跳动	呼吸麻痹

1）感知电流：电流流过人体时可引起感觉的最小电流，交流电流为 1mA，直流电流为 5mA。

2）摆脱电流：人在触电后能够自行摆脱带电体的最大电流，交流电流为10mA，直流电流为50mA。

3）致命电流：在较短时间内危及生命的最小电流。致命电流与电流持续时间关系密切，当电流持续时间超过心动周期（指从一次心跳的起始到下一次心跳的起始，心血管系统所经历的过程）时，致命电流仅为50mA左右。当电流持续时间短于心动周期时，致命电流为数百毫安。

（2）电流流过人体的路径

电流通过头部可使人昏迷；通过脊髓可能导致瘫痪；通过心脏会造成心跳停止，血液循环中断；通过呼吸系统会造成窒息。因此，从左手到胸部是最危险的电流路径，从手到手、从手到脚也是很危险的电流路径，从脚到脚是危险性较小的电流路径。

电流由一手进入，从另一手或一脚流出，电流通过心脏，即可立即引起室颤；通过左手触电比通过右手触电严重，因为这时心脏、肺部、脊髓等重要器官都处于电路中。

（3）安全电压

虽然电流是让人受伤的根本原因，但人体可等效成一个电阻，根据欧姆定律可知，流经人体电流的大小与外加电压和人体的电阻有关。

影响人体电阻的因素很多，通常流经人体电流的大小无法事先计算出来。因此，为确实安全条件，往往不采用安全电流，而是采用安全电压来进行估算。

安全电压是指不致使人直接致死或致残的电压，一般环境条件下允许持续接触的安全特低电压是36V。行业规定：安全电压为不高于36V，持续接触安全电压最高为24V，安全电流最大为10mA。

2. 高压电的安全防护

（1）个人防护措施

个人防护用品即在劳动过程中为防止物理、化学和生物等有害因素伤害人体而穿戴和配备的各种物品的总称。需要使用个人防护用品的区域均会张贴指令标志。指令标志是强制人们做出某种动作或者采用某些防范措施的图形标志。个人安全防护指令标志如图3-1-1给出的三种示例。

有电危险
高压危险

图3-1-1　安全防护指令标志

在对新能源汽车进行维修之前，技术人员应取下身上的所有首饰和金属物品，如戒指、手表和项链等，并且需要将衣物上的金属物移除或遮盖，以避免由这些导电物品造成的意外触电。

在对新能源汽车进行维修时，为防止在作业时发生高压触电事故，需要佩戴高压绝缘手套、护目镜、绝缘安全帽，穿绝缘鞋和防护服等防护用品，如图 3-1-2 所示。使用这些防护用品前，维修和使用人员必须对其进行检查、测试，合格后方可使用。

图 3-1-2　个人安全防护用品

（2）工具防护

在维修新能源汽车时，需要使用新能源汽车专用工具，对于新能源部件在放置时，需要使用专用的工作台以及绝缘垫。新能源汽车在维修时所使用的工具如图 3-1-3 所示。

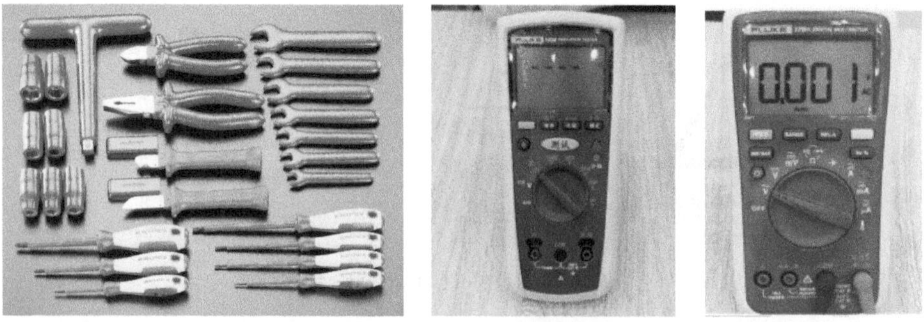

图 3-1-3　工具防护

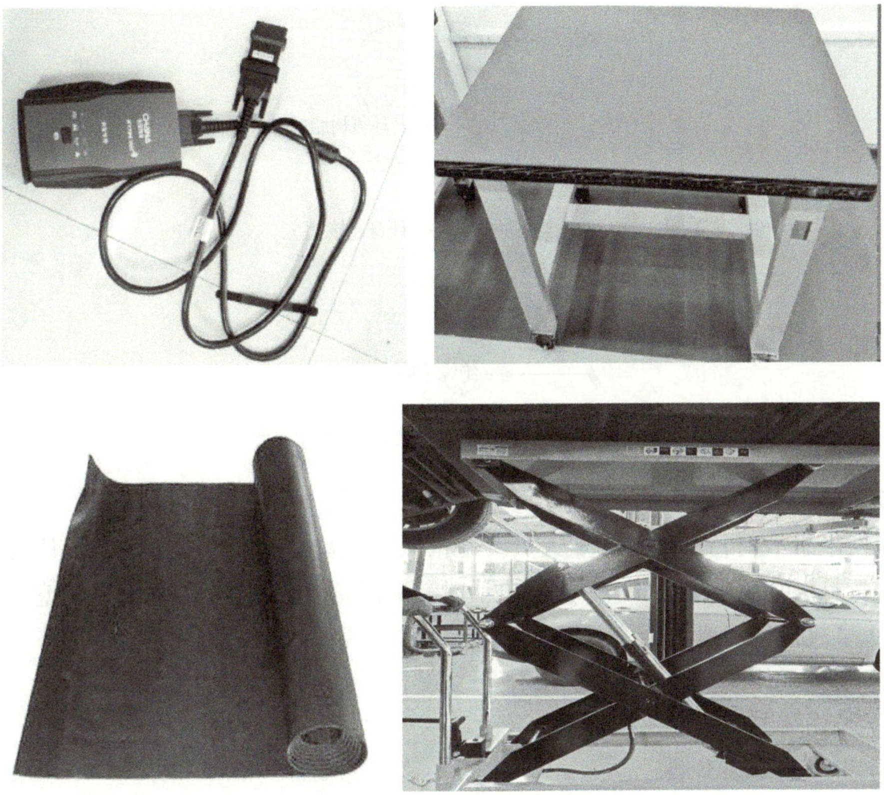

图 3-1-3　工具防护（续）

除此之外，在对新能源汽车进行高压作业时，需要有专用的维修工位，并保持清洁、干燥和通风良好，避免无关人员靠近。

3. 急救措施

新能源汽车高压系统的安全防护措施可防止发生人身伤害事故。一旦发生触电事故，最主要的是知道如何正确救助遭遇事故的人。

下面介绍一些现场急救措施。

（1）紧急措施

紧急措施可以理解为挽救遇事人而必须首先进行的行为。发生人员触电事故时，第一紧急措施是断开事故电源。使遇事故人迅速脱离电源是极其关键的，迅速脱离电源有以下几种方式：就近拉闸断电、切断电源线、挑开导线、拽触电者的衣服使其脱离电源、在触电者身体下方垫上绝缘物质等。

如果救助人不能在无危险的情况下断开事故电源，救助人需使用绝缘用品，最好使用绝缘手套或者绝缘救援钩，只有这样，才允许救助人尝试将遇事故人与带电部件分开。绝缘救援钩结构如图 3-1-4 所示。

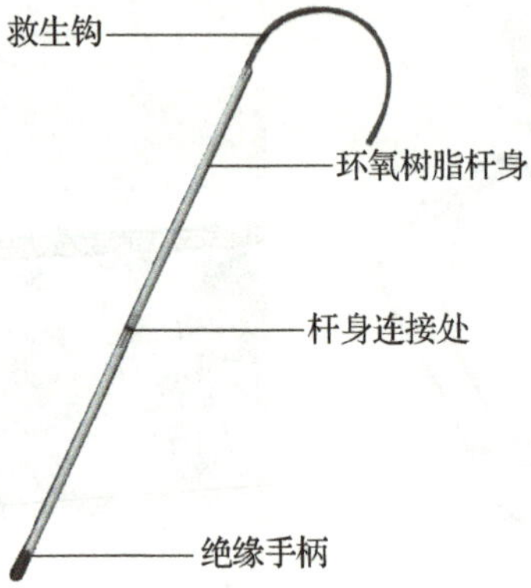
救生钩
环氧树脂杆身
杆身连接处
绝缘手柄

图 3-1-4　绝缘救援钩结构

（2）拨打急救电话

在发生事故时，必须请专业人员实施抢救，应及时拨打急救电话，尤其是有重伤时。要拨打医疗急救电话 120。拨打电话时，应向急救服务机构提供以下信息：

1）事故发生的地点。

2）发生了什么事情。

3）受伤情况。

4）事故或受伤类型。

（3）现场急救措施

如果遇事故人失去知觉或不再呼吸，在等待急救医护人员赶来时，需要采取现场急救措施。

四、任务小结

1. 高压电的安全防护，包括个人防护和工具防护，个人防护品包括高压绝缘手套、护目镜、绝缘安全帽、绝缘鞋、防护服等。

2. 急救措施：包括紧急措施、拨打急救电话和现场急救措施，在救助时，务必确保自身安全。

任务工单

任务名称	高压电的安全防护及急救措施				
姓　　名		学　　号		任务成绩	
实训设备工具	新能源专用工具车、新能源专用万用表、新能源专用解码仪、心脏复苏仪、假人				
任务描述	心肺复苏急救				
任务目的	通过使用心肺复苏模拟人进行练习，在关键时候，发挥出自己应有的价值				

一、资讯

1. 在对新能源汽车进行维修时，为防止在作业时发生高压触电事故，需要佩戴________、________、绝缘安全帽，穿________、防护服等防护用品。

2. 发生带电事故时，第一紧急措施是________。

3. 使遇事故人迅速脱离电源的方法有________、________、________、拉触电者的衣服使其脱离电源、在触电者身体下方垫上绝缘物质等。

二、计划与决策

根据任务要求，确定所需要的设备、工具，并对小组成员进行合理分工，制订详细的计划。

1. 需要设备工具

2. 小组成员分工

3. 制订计划与决策

三、实施

1. 实施步骤

2. 总结实施过程中的注意事项

四、检查

五、评估

1. 自己任务完成的情况，对自己的工作进行自我评估，并提出改进意见。

1）

2）

2. 工单成绩

自我评价	组长评价	教师评价	总分

任务 2　掌握新能源汽车安全断电及上电方法

素养目标

1. 在电池包有故障的情况下，即使断掉安全开关，电池包输出高压线束上仍然有几十伏甚至上百伏的电压，严格按照标准断电并验电对检修新能源汽车尤为重要。在操作的过程中，培养学习者精益求精的工匠精神。

2. 在拆安全开关时，不按照规范操作会把开关把手拔掉，这样车辆行驶在颠簸路面时会造成高压互锁故障。教师可通过强调细节，培养学习者良好的职业道德。

一、任务导入

某 4S 店维修人员，需要对深蓝车进行维修，维修之前以及维修时需要做哪些安全防护？如何安全检测电池包是否绝缘及是否漏电？

二、学习目标

知识目标：

➢ 会判断电池包是否有绝缘失效及漏电故障。
➢ 熟悉高压安全与防护。
➢ 会对不同车型进行安全断电。

职业素养目标：

➢ 严格执行新能源汽车断电流程，提升职业技能。
➢ 养成严谨科学的工作态度和良好的职业道德。
➢ 严格执行 6S 管理。

安全下电
及上电

三、理论知识

安全开关简称 SW。有些新能源汽车自带安全开关，比如：EV460；有些新能源汽车不带安全开关，比如：深蓝汽车。

（1）带安全开关的车辆断电

步骤一：拉好警戒线并放置高压警示牌，如图 3-2-1 所示。检查和整理个人防护品，如图 3-2-2 所示。

步骤二：检查绝缘辅助用具（绝缘垫、绝缘工具、各类检测设备），并调校万用表，如图 3-2-3 所示。

高压危险

图 3-2-1　拉好警戒线并放置高压警示牌

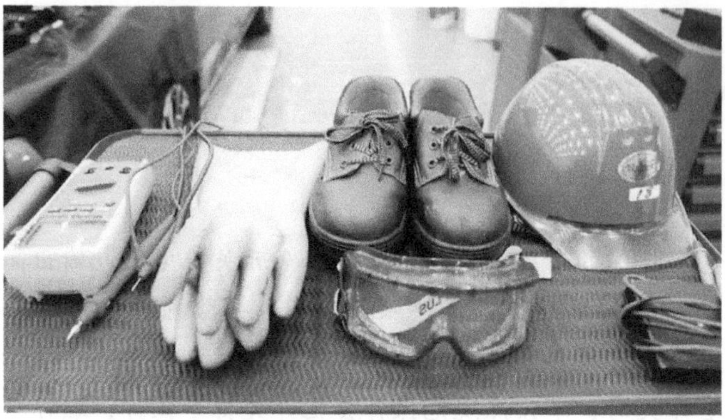

图 3-2-2　检查和整理个人防护用品

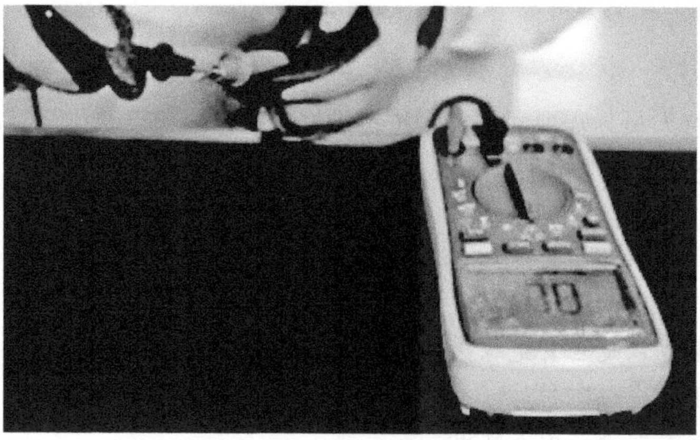

图 3-2-3　调校万用表

步骤三：断开 12V 蓄电池负极连接线并用绝缘胶带包好，如图 3-2-4 所示。

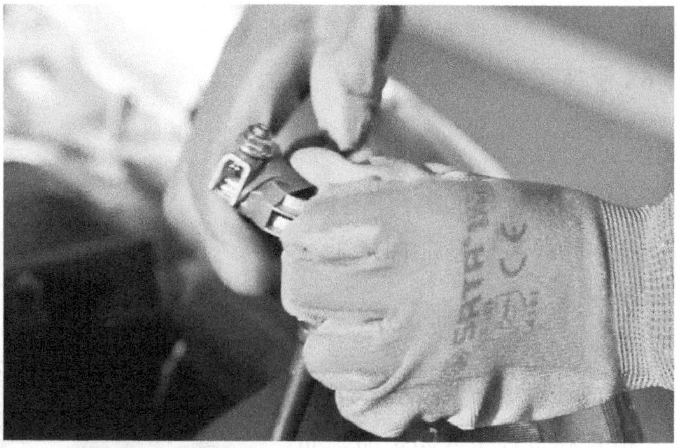

图 3-2-4　断开蓄电池负极

步骤四：断开安全维修开关，并保存好开关。在拔安全开关时，拨开红色卡子，压住黑色卡子，轻轻拔掉安全开关。新能源车用安全开关如图 3-2-5 所示。

切记不可强行拔掉，否则会破坏安全开关。强行拨动安全开关而被破坏掉的安全开关如图 3-2-6 所示。

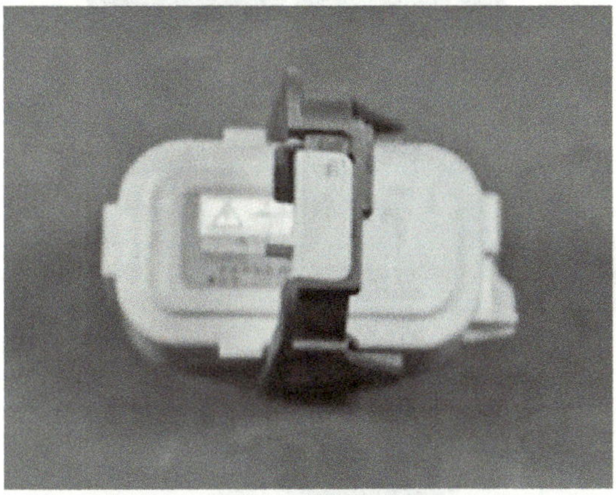
图 3-2-5　新能源车用安全开关

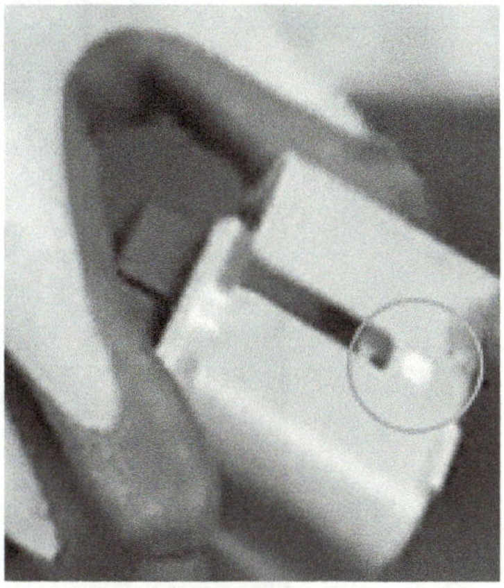
图 3-2-6　把手被破坏的安全开关

步骤五：用放电计放电或等待 5~10min，待高压电容器放电后再继续操作。放电计指示灯亮说明还有余电，等待指示灯熄灭方可继续作业。放电指示灯如图 3-2-7 所示。

图 3-2-7　放电指示灯

步骤六：检测电池包高压绝缘电阻，必须大于 20MΩ，电池包安全开关底座绝缘电阻检测方法如图 3-2-8 所示。

步骤七：检测动力电池维修开关正负接头电压值，应低于 3V。电池包安全开关底座电压值检测方法如图 3-2-9 所示。

（2）不带安全开关的车辆断电

1）正常下电：车速为 0，挂入 P 位，人员离开驾驶位，使用智能钥匙或 NFC 钥匙闭锁，车辆即完成下电闭锁。

2）强制下电：主要用于维修作业，在车机内→车辆设置→安全与维护→一键下电。断电方式如图 3-2-10 所示。强制断电之后注意验电。

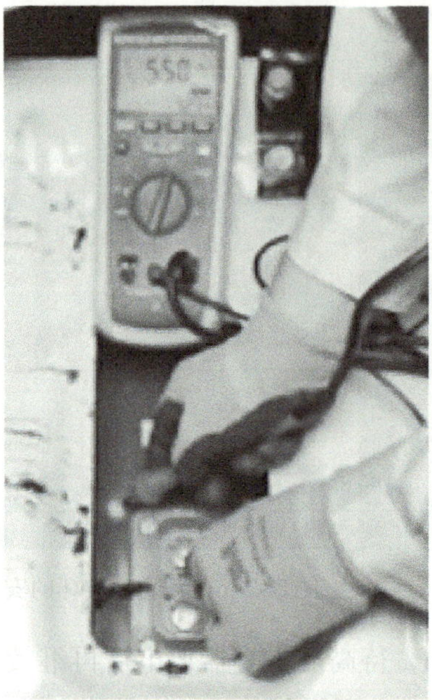

图 3-2-8　高压绝缘电阻检测

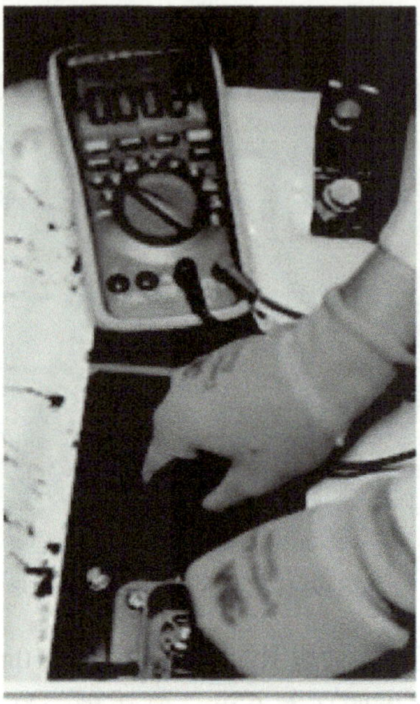

图 3-2-9　电压检测

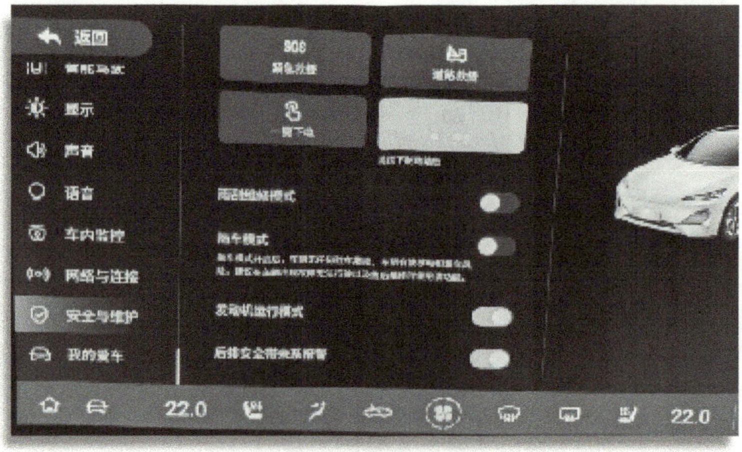
返回
显示
声音
语音
车内监控
网络与连接
安全与维护
我的爱车
22.0
22.0

图 3-2-10　强制下电方式

四、任务小结

1. 带安全开关安全断电方式。

2. 不带安全开关安全断电方式。

任务工单

任务名称	掌握新能源汽车安全断电及上电方法				
姓　　名		学　　号		任务成绩	
实训设备工具	新能源专用工具车、新能源专用万用表、新能源专用解码仪、新能源车辆				
任务描述	安全断电及上电				
任务目的	在整车维修之前，必须按照标准断电。以安全检测电池包安全开关对应端子是否绝缘及漏电，达到安全操作的目的				

一、资讯

1. 在对新能源汽车进行维修时，为防止在作业时发生高压触电事故，需要检查并佩戴________、________、绝缘安全帽，穿________、防护服等防护用品。

2. 拉好警戒线，并放置高压________。

3. 检查绝缘辅助用具，并调________。

4. 断开________V 蓄电池负极连接线并用________包好。

5. 断开________开关，并保存好开关。

6. 用放电计放电或等待________min。

7. 检测电池包高压绝缘电阻，必须大于________MΩ。

8. 检测动力电池维修开关对应端子正负接头之间的电压值，应低于________V。

二、计划与决策

根据任务要求，确定所需要的设备、工具，并对小组成员进行合理分工，制订详细的计划。

1. 需要设备工具

2. 小组成员分工

3. 制订计划与决策

三、实施

1. 实施步骤

2. 总结实施过程中的注意事项

四、检查

五、评估

1. 自己任务完成的情况，对自己的工作进行自我评估，并提出改进意见。

1）

2）

2. 工单成绩

自我评价	组长评价	教师评价	总分

New Energy Vehicle

04

项目 4 纯电动汽车的结构原理及检修认知

任务 1　熟知纯电动汽车的整车结构

素养目标

1. 以国产车整车结构集成化为例，讲述其背后的中国科技能力，激励学生努力学习并不断探索，为中国迈向制造强国贡献自己的力量。

2. 通过分析长安深蓝汽车结构并介绍新能源汽车领域的先进技术，弘扬中国精神，增强学生民族自豪感。

一、任务导入

纯电动汽车与传统燃油汽车相比，其优点非常明显。比如零排放无污染、NVH 性能好、高效率等。那么新能源汽车高压系统具体有哪些呢？工作原理是什么呢？这几年，纯电动汽车在续驶、集成度和智能化方面又有何变化呢？同学们带着以上问题开始本任务的学习。

二、学习目标

知识目标：

➢ 熟悉纯电动汽车控制系统结构。
➢ 了解纯电动汽车控制系统工作原理。
➢ 了解纯电动汽车控制系统诊断及故障。

职业素养目标：

➢ 培养不断探索新知的能力。
➢ 培养学生分析问题、思考问题的能力。
➢ 严格执行 6S 管理。

纯电动汽车仪表的认识

三、理论知识

1. 纯电动汽车整车仪表指示灯认识

纯电动汽车整车仪表指示灯主要由纯电动汽车高压专用指示灯和传统汽车仪表指示灯组成，纯电动汽车整车仪表指示灯如图 4-1-1 所示。

1
2
3
4
5
6
7
8
9
98
258米后
中山大道
剩余 24公里 1小时
总里程 99800km
28°C
READY
460km
70%

图 4-1-1　纯电动汽车整车仪表指示灯

图中标出的纯电动汽车整车专用汽车仪表指示灯具体作用如下：

1）电机故障指示灯：驱动电机出现故障时点亮。

2）动力电池故障指示灯：当动力电池有故障或当前电池容量过低 / 过充 / 温度过高时点亮。

3）蓄电池故障指示灯：整车蓄电池在供电或 DC-DC 故障时点亮。或者处于 ACC 状态时点亮。

4）制动系统故障指示灯：制动系统出现故障时点亮。

5）动力系统故障指示灯：整车动力系统出现故障时点亮。

6）车辆充电状态指示灯：此灯亮起时表示正在充电。

7）充电线连接指示灯：充电线处于连接状态时点亮。

8）功率限制指示灯：表示车辆有故障，进入跛行状态，此时车辆能起动但性能较差，需用户开去修理。或者车辆电压过低时也会点亮该故障指示灯。

9）READY 灯：该指示灯亮时，说明运行准备就绪，可行驶状态。

2. 纯电动汽车结构的认识

整车结构较为复杂，接下来，将从整车外围结构、前舱布局结构、底盘布局结构和纯电动汽车整车结构等角度进行分析，并了解整车高压系统运行原理。

1）整车外围结构的认识。整车外围的结构如图 4-1-2 所示。

2）深蓝 SL03 前机舱布局。深蓝 SL03 前机舱布局图如图 4-1-3 所示。

3）深蓝 SL03 底盘布局图。深蓝 SL03 底盘布局图如图 4-1-4 所示。

4）纯电动汽车整车结构示意图。纯电动汽车整车高压系统主要由动力电池、动力系统、热管理系统、充电供电系统及其他辅助电器系统等组成。

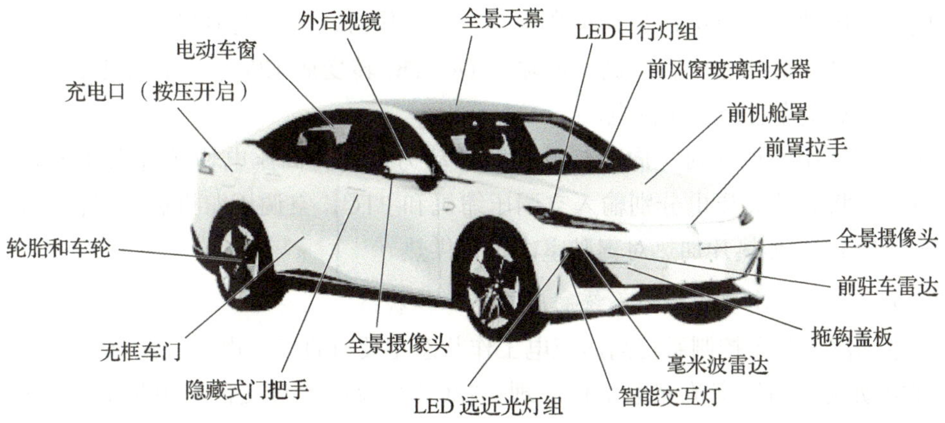
外后视镜
全景天幕
电动车窗
LED日行灯组
前风窗玻璃刮水器
充电口（按压开启）
前机舱罩
前罩拉手
轮胎和车轮
全景摄像头
前驻车雷达
拖钩盖板
无框车门
全景摄像头
毫米波雷达
隐藏式门把手
智能交互灯
LED 远近光灯组
图 4-1-2　整车外围结构

电加热器（PTC）
压缩机
电池、电机冷却液储液罐
电池水泵
PTC冷却液储液罐
智能熔丝盒
车头
图 4-1-3　深蓝 SL03 前机舱布局图

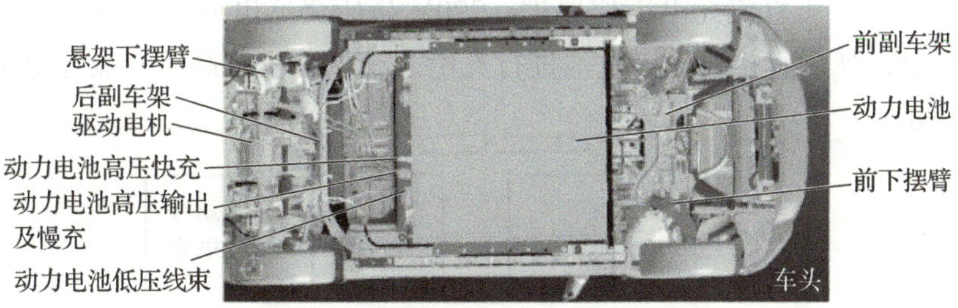
悬架下摆臂
后副车架
驱动电机
动力电池高压快充
动力电池高压输出及慢充
动力电池低压线束
前副车架
动力电池
前下摆臂
车头
图 4-1-4　深蓝 SL03 底盘布局图

3. 纯电动汽车充放电系统工作原理

（1）纯电动汽车整车控制系统高压放电工作状态

深蓝 SL03 纯电版动力系统结构由整车动力系统由电池总成、三合一智能域控制器（SVDC）、七合一集成式电驱系统（EDS2）组成，通过后置 EDS2 电驱系统实现车辆驱动，能量回收，交流充电、交流放电、12V 蓄电池充电功能，同时车辆配置直流快充功能。

纯电动汽车驱动电机工作原理是动力电池将高压电输送进入高压分线盒，高压分线盒将直流高压电输入电机控制器总成，然后转变成三相交流的高压电输入纯电动驱动电机，使驱动电机进行工作，将转矩传递到汽车轮胎，使整车进行行驶。

纯电动汽车通过 DC-DC 或蓄电池提供全车低压电源，在高压动力电没有时全车低压电由蓄电池进行供电；当整车高压动力电工作时，动力电池将高压电输送进入高压分线盒，高压分线盒将直流高压电输入 DC–DC 转变成 12V 左右低压电，然后对蓄电池充电及对整车进行低压供电。

在汽车使用空调或对室内进行升温时，动力电池将高压电输送进入高压分线盒，高压分线盒将直流高压电分别输入空调压缩机和 PTC，空调压缩机进行工作对整车进行制冷或使 PTC 加热片加热对驾驶室内进行供热。

（2）纯电动汽车整车控制系统高压充电工作状态

纯电动汽车整车控制系统高压充电工作状态主要有直流充电和交流充电。

纯电动汽车高压交流充电工作原理：220V 交流电通过交流充电桩输入车载充电机，车载充电机将其转变为直流高压电对整车动力电池进行充电。纯电动汽车交流充电工作状态如图 4–1–5 所示。

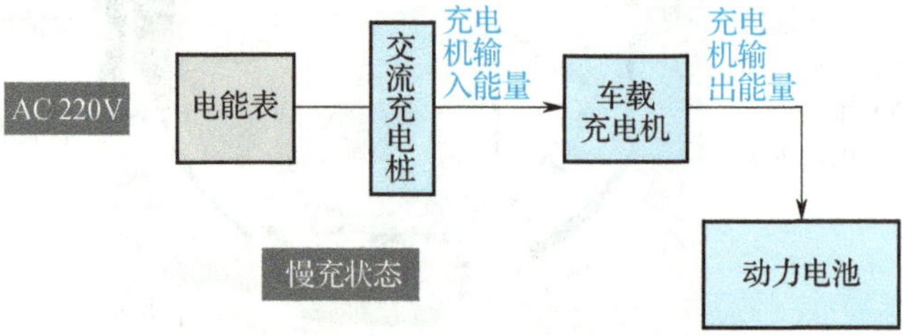
AC 220V
电能表
交流充电桩
充电机输入能量
车载充电机
充电机输出能量
动力电池
慢充状态

图 4–1–5　纯电动汽车交流充电示意图

纯电动汽车高压直流充电工作原理：220V 高压交流电通过直流快充充电桩转变为直流高压电，然后直接对动力电池进行充电。纯电动汽车高压直流充电工作状态如图 4–1–6 所示。

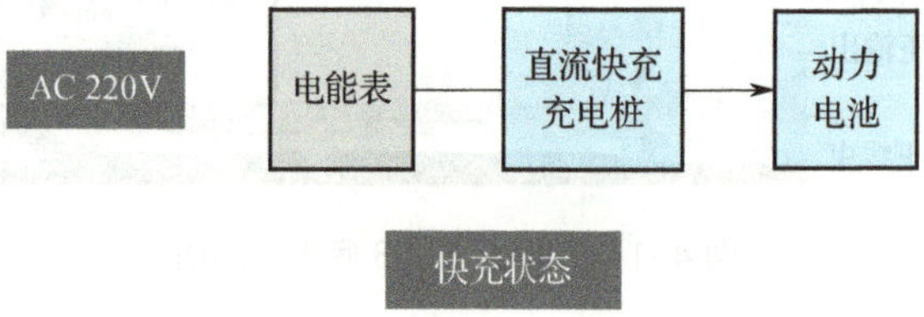
AC 220V
电能表
直流快充充电桩
动力电池
快充状态

图 4–1–6　纯电动汽车高压直流快充示意图

四、任务小结

1. 纯电动汽车整车控制系统结构认识，主要认识整车高压系统的零部件动力电池、DC–DC 变换器、高压盒、压缩机、PTC 等。

2. 纯电动汽车整车仪表指示灯认识，主要掌握纯电动汽车高压系统指示灯并知道其作用。

3. 纯电动汽车整车控制系统工作原理，主要掌握整车高压放电状态、交流慢充以及直流快充的工作原理。

4. 通过整车高压结构，能绘制出整车的高压结构图，并能通过分析，举一反三。

任务工单

任务名称	熟知纯电动汽车的整车结构				
姓　　名		学　　号		任务成绩	
实训设备工具	纯电动汽车整车、交直流充电实训台、纯电动汽车专用维修工具				
任务描述	纯电动汽车高压系统认识				
任务目的	会认识整车各高压系统总成，同时会举一反三，认识不同的纯电动汽车型结构				

一、资讯

1. 结合实际车辆认识新能源零部件

部件	认识√	部件	认识√	部件	认识√
动力电池		车载充电机		直流快充口	
高压电器盒		电机控制器		交流慢充口	
维修开关		PTC 加热器		水泵	
DC-DC 变换器		整车控制器			

2. 结合实车认识纯电动汽车车辆充电状态及运行状态能量运线图，并通过分析下图，说说你能从哪些方面发现科技在不断进步？

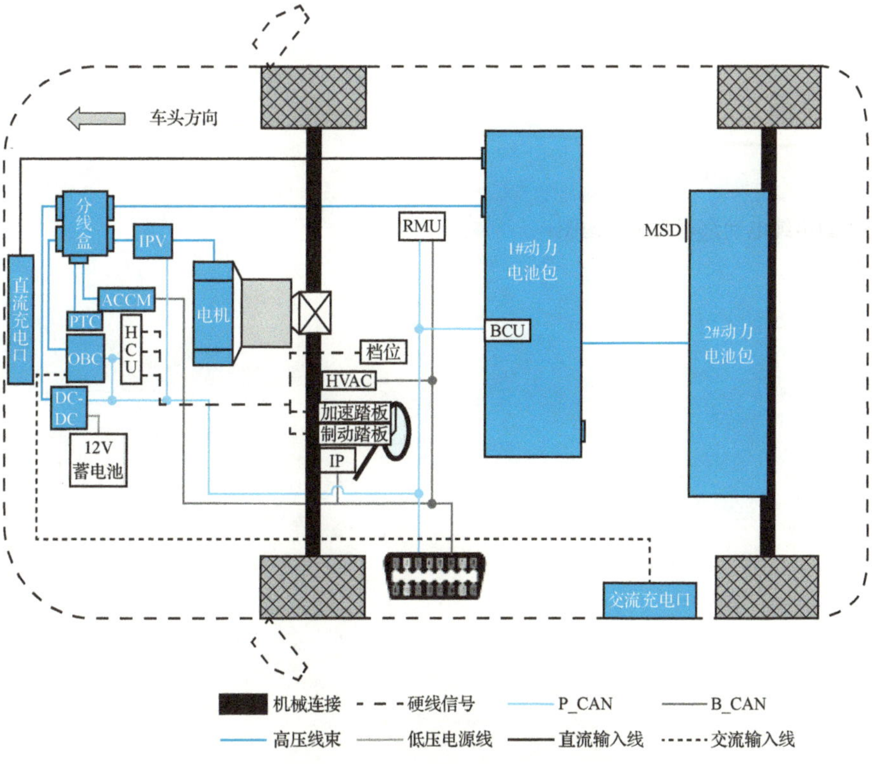
车头方向
分线盒
IPV
RMU
1#动力电池包
MSD
直流充电口
ACCM
电机
PTC
HCU
OBC
BCU
2#动力电池包
档位
HVAC
DC-DC
加速踏板
制动踏板
12V蓄电池
IP
交流充电口
机械连接
硬线信号
P_CAN
B_CAN
高压线束
低压电源线
直流输入线
交流输入线

纯电动汽车动力系统架构示意图

1）画出纯电动汽车充电状态能量运行图：

2）画出纯电动汽车给蓄电池充电的运行图：

3）画出纯电动汽车高压结构图：

二、计划与决策

根据任务要求，确定所需要的设备、工具，并对小组成员进行合理分工，制订详细的计划。

1. 需要设备工具

2. 小组成员分工

3. 制订计划与决策

三、实施

1. 实施步骤

2. 总结实施过程中的注意事项

四、检查

五、评估

1. 自己任务完成的情况，对自己的工作进行自我评估，并提出改进意见。

1）

2）

2. 工单成绩

自我评价	组长评价	教师评价	总分

任务 2　掌握电池包的结构与拆装方法

素养目标

1. 动力电池的发明造福人类，为构建人类命运共同体做出巨大贡献。通过案例引导学生了解科技创新不是信手拈来，而是在探索的道路上孜孜不倦，不畏失败，勇于创新换来的。

2. 纯电动汽车的动力来源由原来的两个串联的电池包发展到目前一个电池包，从整车续驶 180km 到 705km，无不体现中国技术、中国制造、中国力量。教师可以此培养学生民族自豪感，激发学习者为中国创造接力奋斗的精神。

3. 新能源汽车电池包不断发展变化，以类比的方式从理论知识和实操方法中总结并不断提炼，养成长久学习、终生学习的意识。

一、任务导入

4S 店技术主管经过各项检测之后，判断王先生的深蓝汽车是动力电池主负继电器粘连和 20 号单体电压过低故障。那么，动力电池由哪些结构组成？每一部分什么作用？控制原理又是什么？ 20 号单体在哪个模组里面呢？又该如何找到 20 号单体？拆卸模组是否要拆卸高压电器盒？带着这些问题开始探索本任务。

二、学习目标

知识目标：

- 掌握纯电动汽车动力电池包的组成部件。
- 掌握电池包的工作原理。
- 掌握电池包电路图及控制逻辑。
- 掌握动力电池包的拆卸与安装操作规范。

职业素养目标：

- 严格执行新能源汽车检修规范，养成严谨科学的工作态度。
- 拆电池包时，养成团队协作精神。
- 做好规划，以高标准完成任务。
- 严格执行 6S 管理。

三、理论知识

1. 动力电池系统组成部件和功能

动力电池系统是纯电动汽车的主要车载能源，代替了发动机和油箱，输出的电能通过高压分线盒，将电量分配至整车各个用电设备，为整车提供电能。

（1）动力电池的作用

动力电池系统作为电动汽车的能量源，它除了为整车提供持续稳定的能量，还承担以下任务：

1）计算整车的剩余电量和充电提醒。整车的剩余电量，通常简称为 SOC（State of Charge），即电池当前的容量与额定容量的百分比。在车辆行驶过程中，随着动力电池电量的消耗，SOC 表上指针指示的数值会逐渐减小。当 SOC 减小到 30% 以下时，SOC 表上的电量不足指示灯会点亮，它提示用户尽快对车辆进行充电。

2）对电池进行温度、电压、湿度的检测。

3）漏电检测和异常情况报警。

4）充放电控制和预充电控制。

5）电池一致性的检测，系统自检等。

（2）动力电池外部结构

动力电池外部通过高压线束分别与高压配电盒相连，从而实现放电。同时，与车载充电机相连，实现 220V 交流充电。与快充口相连，实现 380V 快充直流充电。另有通过 BMS 使用 CAN 对整车控制器或者充电机之间进行通信，对动力电池系统进行充放电等综合管理。动力电池外部结构如图 4–2–1 所示，动力电池工作原理如图 4–2–2 所示。

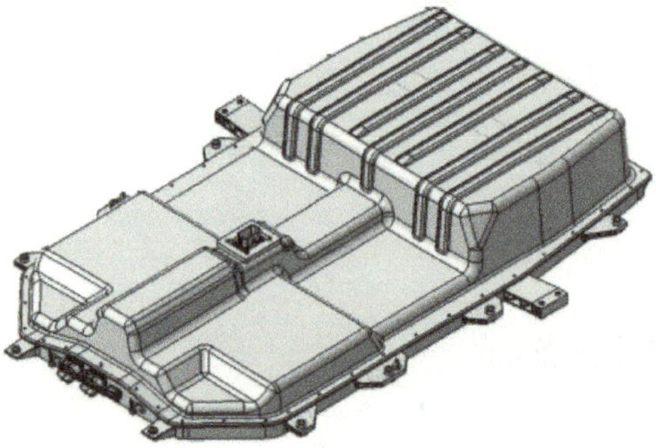

图 4–2–1　动力电池外部结构

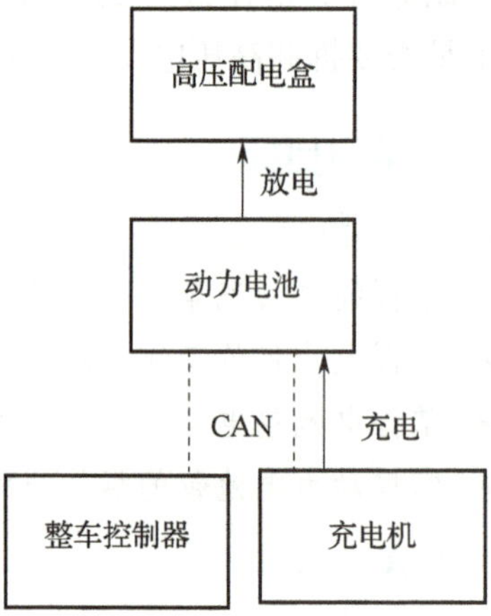
高压配电盒
放电
动力电池
CAN
充电
整车控制器
充电机

图 4–2–2　动力电池工作原理

（3）动力电池内部结构

动力电池包内部主要由五大块组成，若将动力电池系统看成人体，电池模组相当于人体的肌肉，电池管理系统相当于人的大脑，连接线束相当于人的神经，箱体相当于人的骨骼，上盖相当于人的皮肤，它们各司其职，缺一不可。其结构如图 4–2–3 所示。深蓝汽车动力电池总成内部详细结构如图 4–2–4 所示。

动力电池包的基本结构

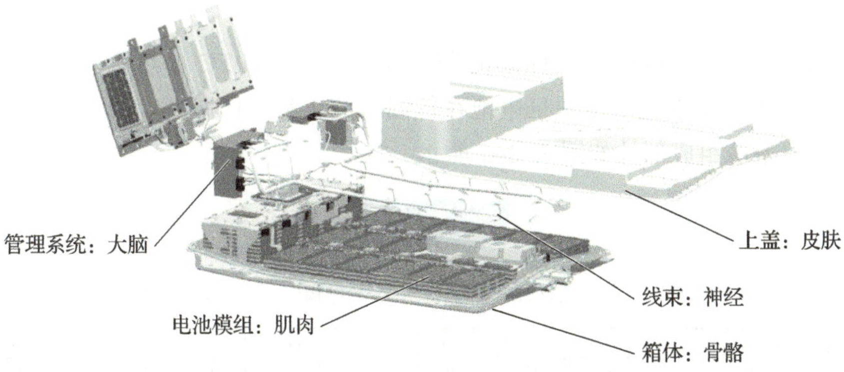
管理系统：大脑
上盖：皮肤
线束：神经
电池模组：肌肉
箱体：骨骼

图 4-2-3　动力电池内部结构图

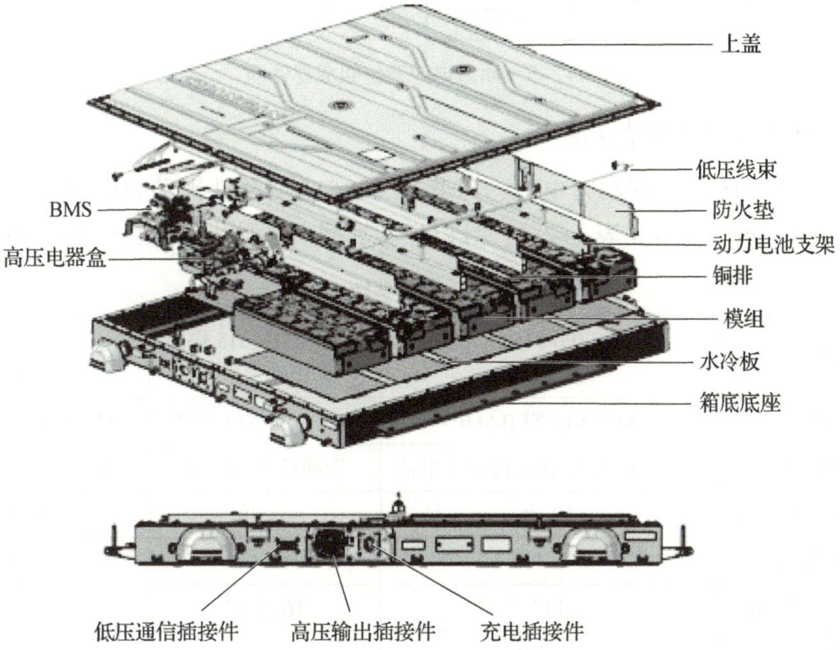
上盖
低压线束
BMS
防火垫
高压电器盒
动力电池支架
铜排
模组
水冷板
箱底底座
低压通信插接件
高压输出插接件
充电插接件

图 4-2-4　深蓝汽车动力电池总成内部结构图

下面分别对电池系统内部组成部件进行功能介绍。

1）电池模组。由多个动力电池单体串并联组成的组合体，是主要的车载能源，也是大多数车型电池包内可更换的最小单元。多个模组串并联组成整个电池包。模组内设有温度传感器和电压传感器，电池管理系统可实时监控电池单体的温度和电压情况。

2）电池管理系统。电池管理系统也称 BMS，通过电压、电流及温度检测等功能实现对动力电池系统的过压、欠压、过流、过高温和过低温保护，以及继电器控制、SOC 估算、充放电管理、均衡管理、故障报警及处理、其他控制器通信、高压回路绝缘检测功能和加热控制等功能。

3）高压电器盒。高压电器盒内部装有主正继电器、主负继电器、快充继电器、PTC 继电器、预充继电器及熔断丝和电阻等，配合电池管理系统实现电源的控制，保证高压的安全使用。

4）热管理组件。热管理组件中的制热系统，包括 PTC 加热板、PTC 接触器、PTC 熔断丝，以保证电池在低温下的正常工作温度。

动力电池系统组成部件如图 4-2-5 所示。

动力电池包的类型及基本参数

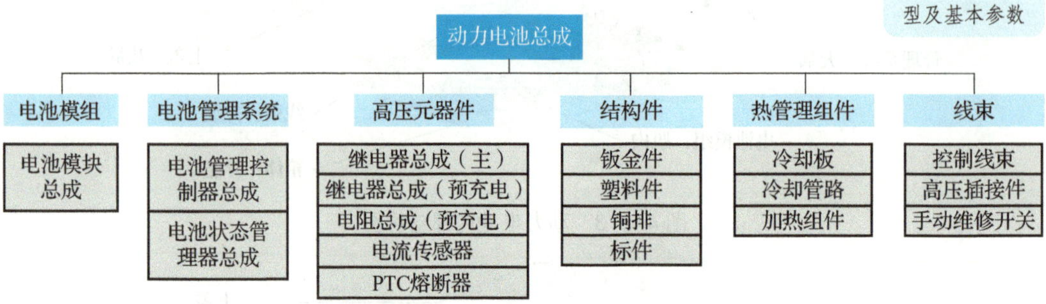
动力电池总成
电池模组
电池模块总成
电池管理系统
电池管理控制器总成
电池状态管理器总成
高压元器件
继电器总成（主）
继电器总成（预充电）
电阻总成（预充电）
电流传感器
PTC熔断器
结构件
钣金件
塑料件
铜排
标件
热管理组件
冷却板
冷却管路
加热组件
线束
控制线束
高压插接件
手动维修开关

图 4-2-5　动力电池系统组成部件图

2. 动力电池参数及性能认识

深蓝 SL03-515 三元锂动力电池、深蓝 SL03-515 磷酸铁锂动力电池、深蓝 SL03 增程版动力电池的性能表见表 4-2-1。且以三者为例来说明动力电池有哪些性能特点。

表 4-2-1　电池参数比较

参数	深蓝 SL03-515 三元锂动力电池	深蓝 SL03-515 磷酸铁锂动力电池	深蓝 SL03 增程版动力电池
电池型号	XLBA48/XLBA60	XLBA73/XLBA74	XLAB67/XLAB69
电池类型	三元 NCM523 体系锂离子电池	磷酸铁锂蓄电池	磷酸铁锂蓄电池
总电量 /（kW·h）	58.10	58.89	28.39
额定电压 /V	395/400	360/339	326.4
额定容量 /（A·h）	147	163.5/87	87
质量 /kg	343/346	445	230
长 × 宽 × 高 /mm	1522 × 1488 × 156	1878 × 1320 × 135	1380 × 1149 × 135
电池单体数 / 个	108	114/212	102
温度传感器数 / 个	27	12/19	9/18
模组供应商	宁德时代 / 中航	宁德时代 / 中航	宁德时代 / 中航
电池冷却方式	液冷	液冷	液冷
电池加热方式	液热	液热	加热膜加热
电池维修方式	拆分维修	整包维修	整包维修

动力电池系统的重要参数的含义如下：

（1）电池类型

目前市场上最热门的电动汽车大部分用的是锂离子电池。锂离子电池的负极材料是石墨，正极材料是含锂离子的嵌入式化合物，如钴酸锂、锰酸锂、磷酸铁锂、三元锂等。锂离子电池性能比较高，电池能量密度大，平均输出电压高，自放电小，没有记忆效应，工作温度范围为 -20~ 60℃，循环性能优越，可快速充放电，充电效率高达100%，而且输出功率大，使用寿命长，没有环境污染，被称为绿色电池。缺点是价格高和高温下安全性能差。目前应用在电动汽车上最多的锂离子电池是磷酸铁锂电池和三元锂电池。

1）磷酸铁锂电池。磷酸铁锂电池是指用磷酸铁锂作为正极材料的锂电池。标称电压为 3.2V。充电时终止电压为 3.6V，放电终止电压为 2.0V。

相比较其他形式的锂电池，磷酸铁锂电池有以下优点：安全性能好，相比普通锂电池安全性有大幅改善；寿命长，循环寿命达到 2000 次以上；高温性能好，热峰值可达 350~500℃；工作温度范围宽广，为 -20~75℃；容量较大，相比普通电池（铅酸电池等）有更大的容量。某车采用的磷酸铁锂电池如图 4-2-6 所示。

图 4-2-6　某车磷酸铁锂电池

2）三元锂电池。三元锂电池是指正极使用镍钴锰酸锂三元材料的锂电池，是最近几年发展起来的新型锂电正极材料。三元复合正极材料产品，是以镍盐、钴盐、锰盐为原料，综合了钴酸锂、镍酸锂和锰酸锂三类材料的优点，存在三元协同效应，里面镍钴锰的比例可以根据实际需要调整。三元材料做正极的电池相对于磷酸铁锂电池能量密度更高，在新能源汽车对动力电池能量密度要求提升的背景下，三元材料作为高容量密度正极材料有望进一步拓展其市场份额。

三元锂电池的充电终止电压在 4.2V 左右，放电终止电压在 2.5V 左右，三元锂电池标称电压为 3.7V。深蓝 SL03 纯电版 -515km 电池模组如图 4-2-7 所示，增程版项目电池模组如图 4-2-8 所示。

（2）额定电压

动力电池系统的额定电压 = 单体电芯额定电压 × 单体电芯串联数量。

（3）额定容量

动力电池系统的额定容量是电池性能的重要指标之一，它表示动力电池储存电量的大小，即动力电池放电荷的总量为动力电池容量，单位为 A · h，影响到整车的续驶里程。

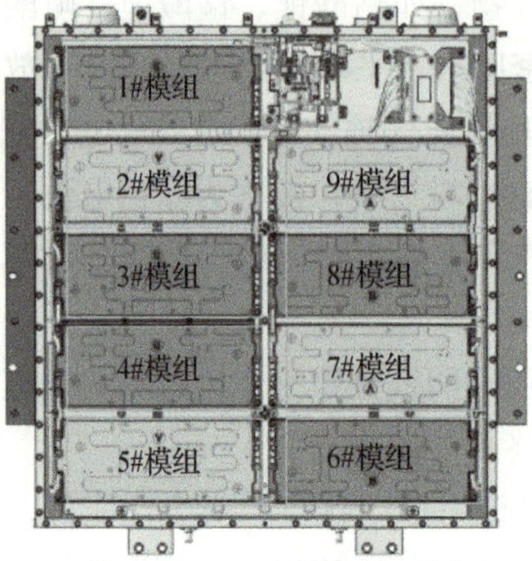
1#模组
2#模组
9#模组
3#模组
8#模组
4#模组
7#模组
5#模组
6#模组

图 4-2-7　深蓝 SL03 纯电版 -515km 电池模组

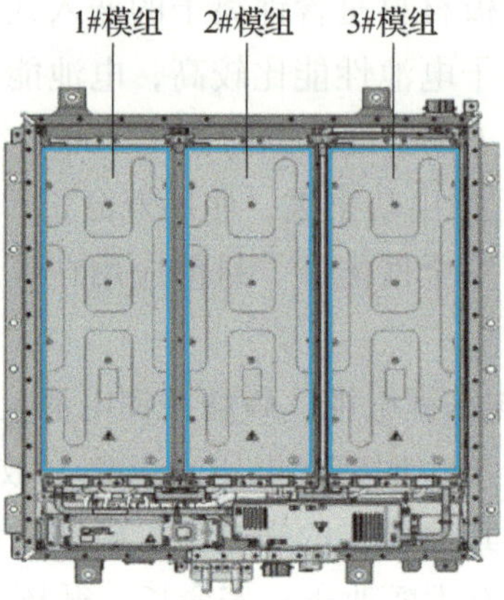
1#模组
2#模组
3#模组

图 4-2-8　增程版项目电池模组

动力电池系统的额定容量 = 单体电芯容量 × 单体电芯并联数量。

（4）系统总能量（E）

动力电池系统的总能量为动力电池放电所能做的电功。

动力电池系统的总能量 = 动力电池系统的额定电压 × 动力电池系统的额定容量，单位是 W · h。

（5）能量密度

动力电池系统的能量密度是电池性能的另一重要指标，为单位质量的电芯储存的能量，单位为 W · h/kg。非参数会影响到整车的续驶里程。

动力电池系统的能量密度 = 动力电池系统的总能量 ÷ 动力电池系统的总质量

（6）连接方式

动力电池系统有两种连接方式，即串联或并联。串联用 S 表示，并联用 P 表示。如 1P33S，表示该电池系统由 33 块电池单体串联而成。

3. 动力电池管理系统结构与原理

（1）电池管理系统

电池管理系统（BMS），即 Battery Management System，通过检测电池组中各单体电池的状态来确定整个电池系统的状态，并根据它们的状态对动力电池系统进行相应的控制调整和策略实施，实现对动力电池系统及各单体的充放电管理，以保证动力电池系统安全稳定地运行。电池管理系统的基本功能可以分为检测、管理、保护。具体来看，包括数据采集、状态监测、均衡控制、热管理、诊断及安全保护、信息管理等功能。

电池管理系统如图 4-2-9 所示。

电池管理系统按性质可分为硬件和软件，按功能可分为数据采集单元和控制单元。硬件可分为主板和分板。其中，分板为数据采集单元，负责采集模组的电压和温度数

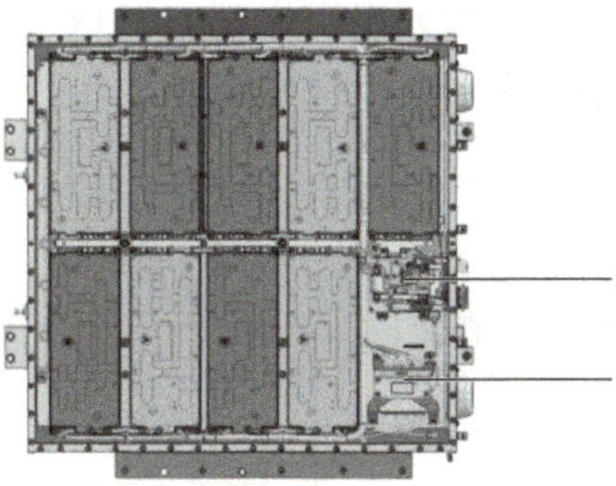
BDU
BMS板

图 4-2-9 深蓝电池管理系统

据，发送至主板。主板负责保证电池安全可靠地使用，充分发挥电池的能力和延长使用寿命，通过控制接触器控制动力电池充放电，向 VCU 上报动力电池系统的基本参数及故障信息。某车型的主板和分板如图 4-2-10 所示。

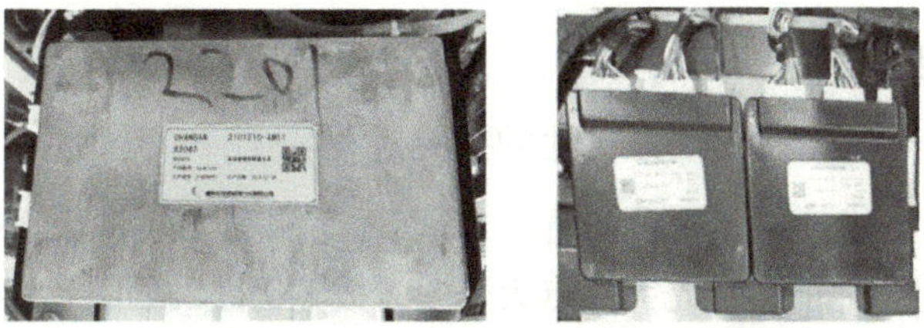
主板
分板

图 4-2-10 某车型的主板和分板

（2）动力电池热管理系统

电池热管理系统是用来确保电池系统工作在适宜温度范围内的一套管理系统，完整的热管理系统主要由冷却系统及加热系统两部分组成。

1）冷却系统主要有自然风冷、强制风冷及强制液冷等方式。

2）加热系统主要有 PTC 加热及水暖加热等方式。

自然风冷如图 4-2-11 所示，强制液冷如图 4-2-12 所示。

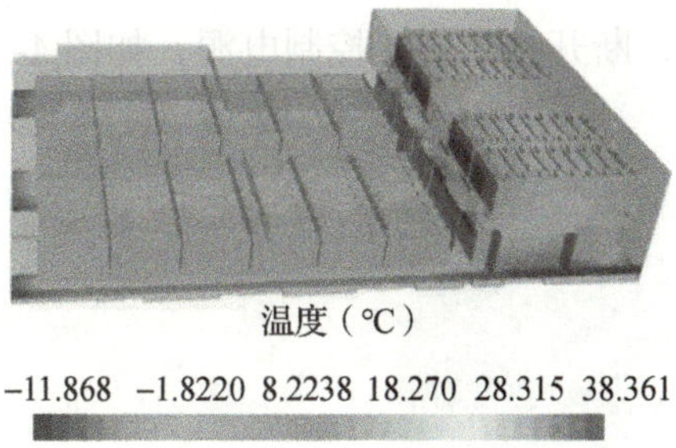
温度（℃）
−11.868 −1.8220 8.2238 18.270 28.315 38.361

图 4-2-11 自然风冷

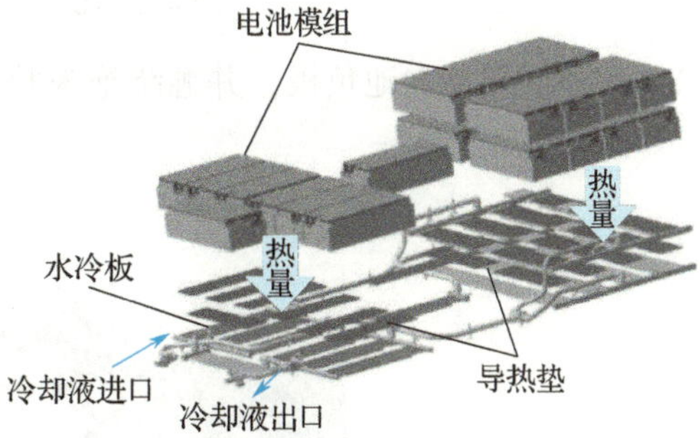
电池模组
热量
热量
水冷板
冷却液进口
冷却液出口
导热垫

图 4-2-12 强制液冷

（3）电池管理系统的控制原理

充电时，先闭合预充电继电器，开始预充，直到主正继电器后端电压达到总电压的 95%，闭合主正继电器，然后断开预充电继电器，完成上高压。

纯电版动力电池高压电路简图及上电逻辑如图 4-2-13 所示，增程版动力电池高压电路简图及上电逻辑如图 4-2-14 所示。

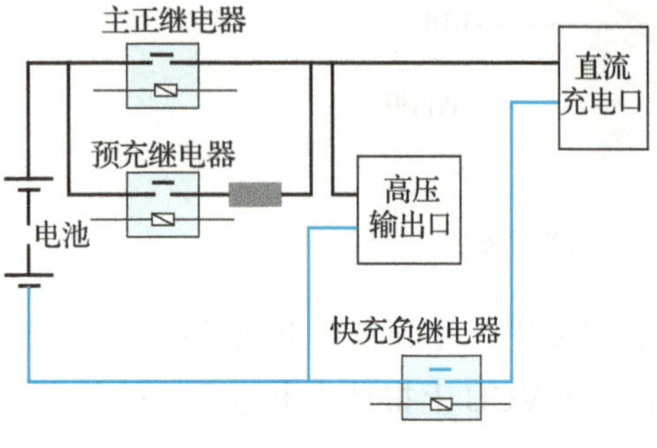
主正继电器
直流充电口
预充继电器
高压输出口
电池
快充负继电器

图 4-2-13　深蓝纯电版上电逻辑

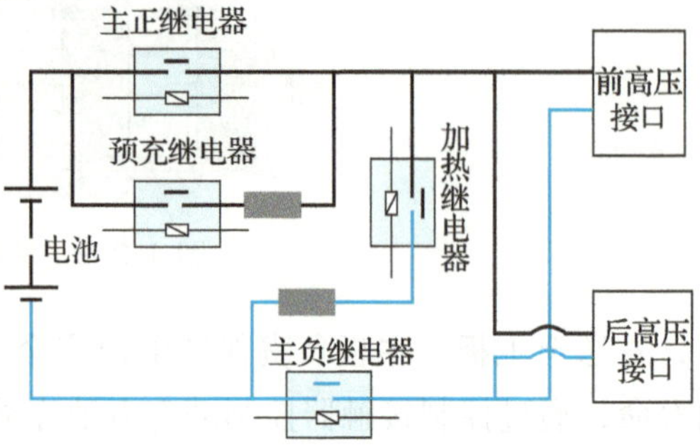
主正继电器
前高压接口
加热继电器
预充继电器
电池
后高压接口
主负继电器

图 4-2-14　深蓝增程版上电逻辑

4. 拆装动力电池

以纯电动汽车为例，说明动力电池的拆装过程。

动力电池包的安装与拆卸

（1）拆卸动力电池操作步骤及注意事项

1）在拆卸动力电池前，首先关闭点火开关，拔下钥匙，如图 4-2-15 所示。

图 4-2-15　关闭点火开关

2）断开低压蓄电池负极，并缠绕绝缘胶带，断开整车低压控制电源，如图 4-2-16 所示。

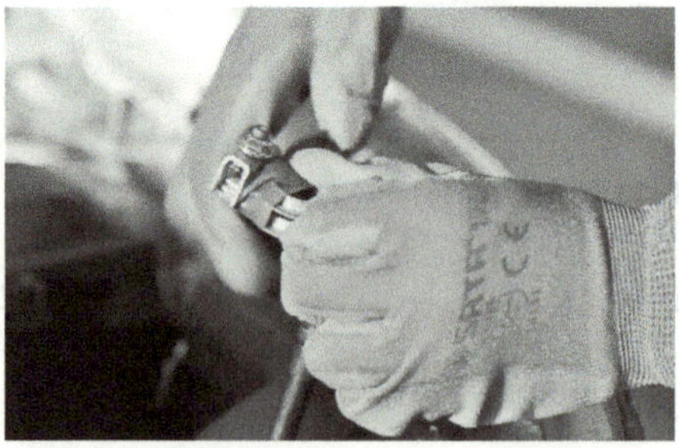

图 4-2-16　断开低压蓄电池负极

3）拔掉安全开关插头总成，并对安全开关座进行放电、绝缘检测、验电。如图 4-2-17 所示。

注意事项：拆下的安全开关应当放置在规定地点，然后对安全开关座用绝缘胶带密封。

4）举升车辆到达需要的高度，并锁止安全锁。

5）分别拆下动力电池低压通信插件、动力电池高压输出线束、直流充电输入线束。如图 4-2-18 所示。

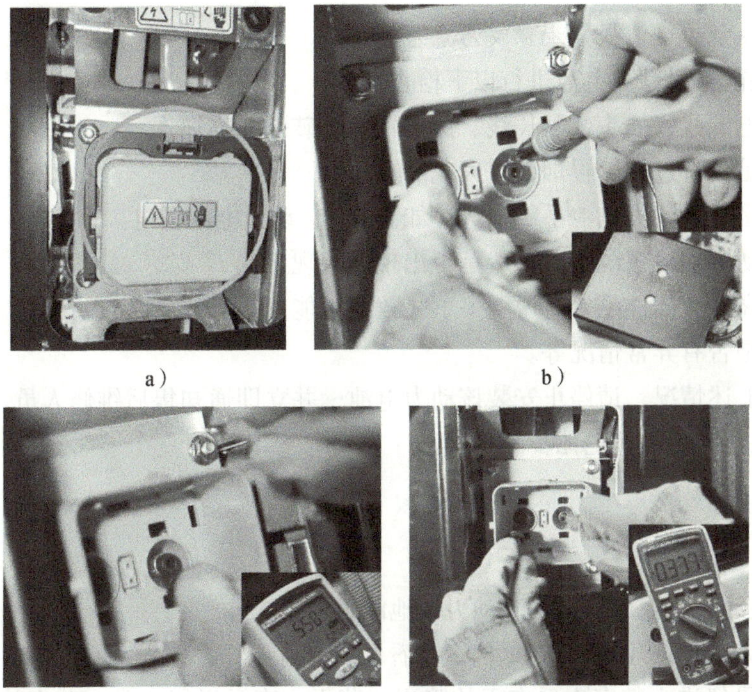

a）
b）
c）
d）

图 4-2-17　安全开关高压断电

a）安全开关　b）高压放电　c）绝缘检测　d）高压回路验电

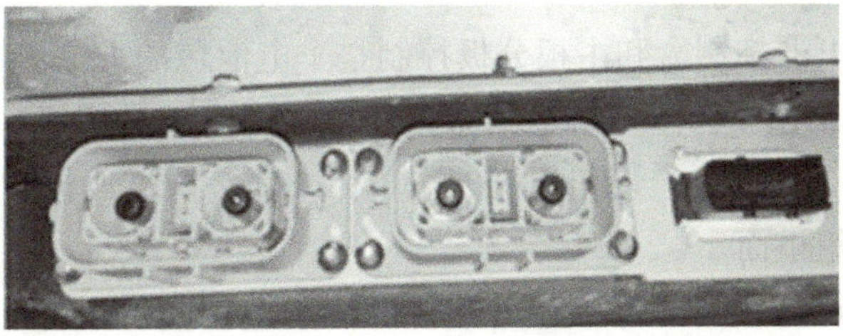

图 4-2-18　拆下动力电池低压和高压插件

6）分别对动力电池高压输出端口、直流充电输入端口进行验电和绝缘检测。

7）推入动力电池包拆卸平台，并举升至动力电池包下，用棘杆拆下动力电池包与车身连接的螺栓，放入规定地点。如图 4-2-19 所示。

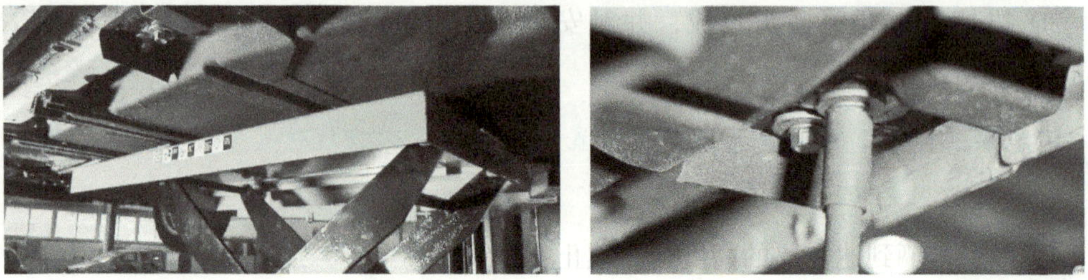

a）　　　　　　　　　　　　　　b）

图 4-2-19　拆卸动力电池包

a）电池包拆卸平台　b）拆下电池包与车身连接螺栓

（2）安装动力电池操作步骤及注意事项

1）安装前需对动力电池进行以下检查：

①检查电源线、插头、延长线、保护器是否破裂或损坏。

②检查是否有过热、冒烟、冒火花的迹象。

③检查是否有动力电池系统损坏（如破裂）、动力电池漏电。

④检查动力电池系统、电源线是否出现进水现象。

⑤检查高低压插件是否与说明书不一致或不能正常对接。

⑥检查是否有异常情况等。

如发现上述情况，请停止安装该动力电池，并立即通知售后维修人员。

2）安装步骤与拆卸电池步骤相反。

注意事项： 螺栓标准力矩为 96~105N · m。当安装完毕后，观察动力电池箱体螺栓是否有松动。

3）安装动力电池后，需检测动力电池能否正常工作。

①将点火开关打开至 START 档，查看仪表盘有无异常警告。

②用解码仪进入整车查看有无故障码。若无，表示运行正常。若有故障显示，需根据实际情况进行检查。

5. 拆卸电池高压电器盒模块总成

电池包内高压电器控制盒和主板分板控制整个电池包的上电逻辑，在找模组时显得非常重要。主负继电器所连的模组即为一号模组。比如模组型号为 3p4s，代表一个模组里有四个单体。那么该电池包的 20 号单体，在 5 号模组里面。

一号模组的判定

比如逸动 EV460，拆卸 5 号模组必须拆卸高压电器盒。因此，下面介绍高压电器盒的拆卸和安装方法。

高压电器盒的拆卸

1）拆卸动力电池上盖。拆卸 6 个安全开关固定螺栓及电池上盖板的 40 个固定螺栓与 2 个限位螺母，即可取下电池包上端盖。

2）拆卸铜排（输出总正）、铜排（输出总负）、铜排（充电正）。如图 4-2-20 所示。

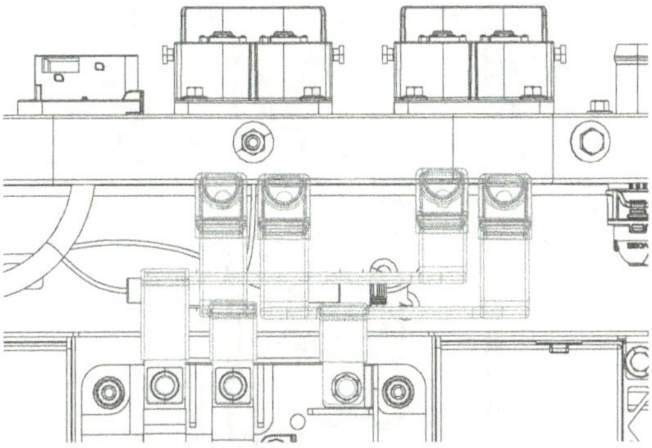

图 4-2-20　拆卸铜排

3）拆卸高压电器盒转接铜排。如图 4-2-21 所示。

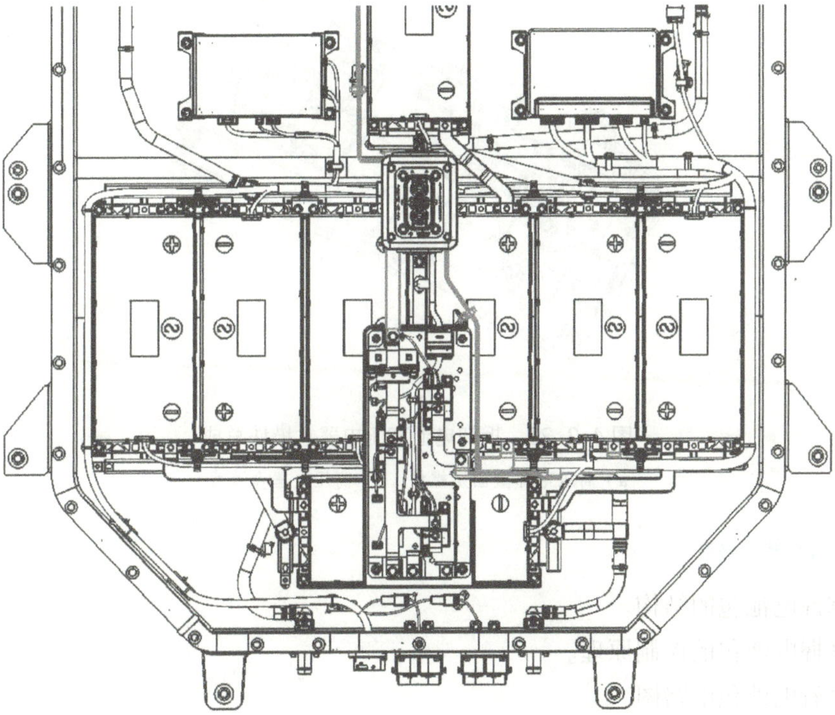

图 4-2-21　拆卸高压电器盒转接铜排

4）拆卸电池高压电器盒模块总成

将图 4-2-22a 所示位置的 6 颗螺栓拆卸掉，拔掉插接件，即可取下高压电器盒。高压电器盒总成如图 4-2-22b 所示。

5）安装流程按照逆顺序进行即可。

高压电器盒的安装

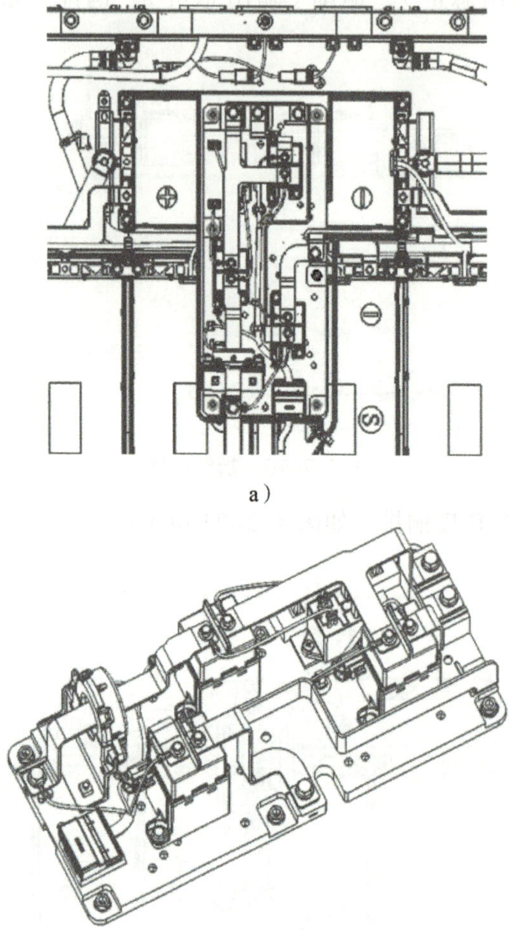

a）

b）

图 4-2-22　拆卸电池高压电器盒模块总成

a）高压电器盒固定螺栓　b）高压电器盒总成

四、任务小结

1. 掌握电池包的结构。
2. 掌握电池包的控制原理。
3. 会看电池包电路图。
4. 会严格按照规范拆装电池包。
5. 会找 1# 模组的位置。
6. 按照规范流程拆卸高压电器盒。

任务工单

任务名称	掌握电池包的结构与拆装方法				
姓　　名		学　　号		任务成绩	
实训设备工具	新能源专用工具车、新能源专用万用表、新能源专用绝缘仪、新能源专用放电工具、动力电池包				
任务描述	动力电池包的拆装				
任务目的	严格按照要求拆装动力电池并更换相应的部件				

一、资讯

1. 动力电池外部结构。

动力电池外部通过高压线束分别与________相连，实现放电。同时，与________相连，实现 220V 交流充电。与________相连，实现 380V 快充直流充电。另有通过 BMS 使用________对整车控制器或充电机之间进行通信，对动力电池系统进行充放电等综合管理。

2. 动力电池内部结构。

动力电池包内部由________、________、________、________、________组成。

3. 磷酸铁锂电池是指用________作为正极材料的锂电池。标称电压为________V。充电时终止电压为 3.6V，放电时终止电压为________V。三元锂电池是指正极材料使用________三元正极材料的锂电池，三元锂电池的充电终止电压在________V 左右，放电终止电压在________V 左右，三元锂电池标称电压为________V。

4. 动力电池系统的额定电压 = 单体电芯额定电压 ×________。

5. 动力电池系统的额定容量 = 单体电芯容量 ×________。

6. 动力电池系统的总能量 = 动力电池系统的________ × 动力电池系统的________。

7. 动力电池系统的能量密度 = 动力电池系统的________ ÷ 动力电池系统的________。

8. 分析 B311 电池包的上电控制逻辑。

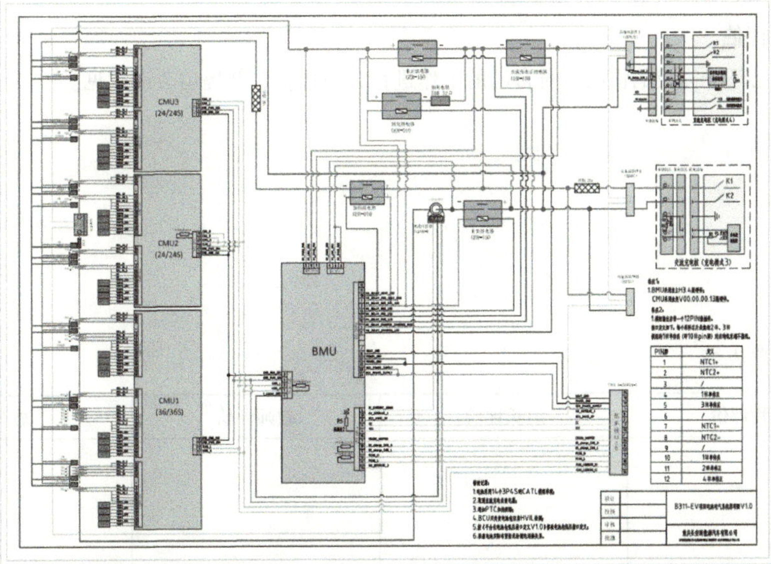

CMU3
(24/24S)
CMU2
(24/24S)
CMU1
(36/36S)
BMU

二、计划与决策

根据任务要求，确定所需要的设备、工具，并对小组成员进行合理分工，制订详细的计划。

1. 需要设备工具

2. 小组成员分工

3. 制订计划与决策

三、实施

1．实施步骤

2．总结实施过程中的注意事项

四、检查

五、评估

1. 自己任务完成的情况，对自己的工作进行自我评估，并提出改进意见。

1）

2）

2. 工单成绩

自我评价	组长评价	教师评价	总分

任务 3　掌握电驱动系统的结构与检修

素养目标

1. 通过分析电机运行时磁力线的美，融入艺术元素，培养学生欣赏科学美的眼光。

2. 目前新能源汽车的电机总成大部分采用稀土制作转子，通过分析该案例，探索矛盾特殊性认知规律。

3. 电驱动系统是新能源汽车三大支柱之一，通过分析电机的现状、结构及运行原理，培养学生敏锐的洞察能力、清晰的逻辑分析能力、严谨认真的学习态度和源源不断的创新意识。

一、任务导入

近期，4S 店举行纯电动汽车导电免费检测活动。某客户的深蓝汽车应邀回店参加该检测活动。此时，需要维修人员对车辆进行驱动电机的检测与维护。

二、学习目标

知识目标：

- 掌握纯电动汽车驱动系统原理与构成。
- 熟悉驱动电机和电机控制器的工作原理。
- 掌握检测与维护驱动系统的方法和注意事项。

职业素养目标：

- 严格执行新能源汽车检修规范，养成严谨科学的工作态度。
- 养成团队协作精神。
- 培养学习者分析问题、解决问题的能力。
- 严格执行 6S 管理。

三、理论知识

电驱动系统是电动汽车三大核心部件之一，是车辆行驶的主要执行机构，其特性决定了车辆的主要性能指标，直接影响车辆动力性、经济性和用户驾乘感受。相比传统燃油汽车的驱动系统，纯电动汽车将电机、电机控制器和减速器取代了发动机和变速器。

电机控制器在驱动系统中占有很重要的位置，既是驱动电机的电能转换中心，又是驱动电机的控制中心。电驱动系统结构如图 4-3-1 和图 4-3-2 所示。在车辆动力输出过程中，动力电池输出的高压直流电，经过高压配电盒分配至电机控制器，电机控制器通过逆变器将直流电转换为交流电，通过相线（U、V、W）输出到驱动电机，作为电机的驱动动力。然后通过减速器和其他传统装置将驱动电机的旋转运动传递给车轮，实现车辆的行驶。

此外，整车控制器接受车辆在不同工况下的信号，综合判断后，由低压 CAN 线将处理信号传递至电机控制器，电机控制器结合实际情况改变驱动电机的输出功率。同时，驱动电机中的转子位置信号和温度信号通过低压线束反馈至电机控制器中，电机控制器可实时得知驱动电机的转速和温度情况。

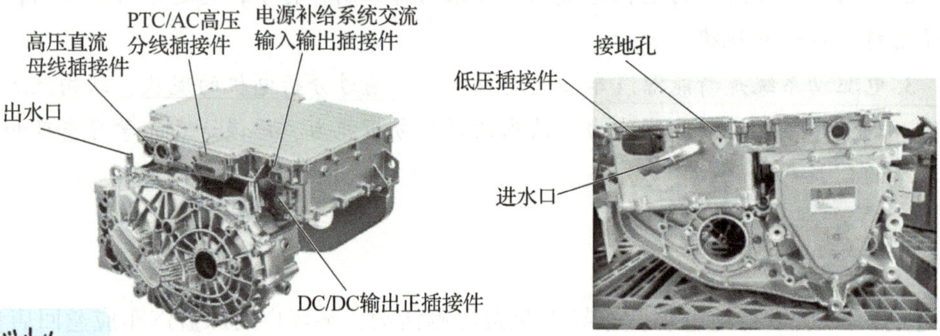
高压直流
母线插接件
PTC/AC高压
分线插接件
电源补给系统交流
输入输出插接件
出水口
DC/DC输出正插接件
接地孔
低压插接件
进水口

图 4-3-1　电驱动系统外部结构

电机控制器的基本结构及原理

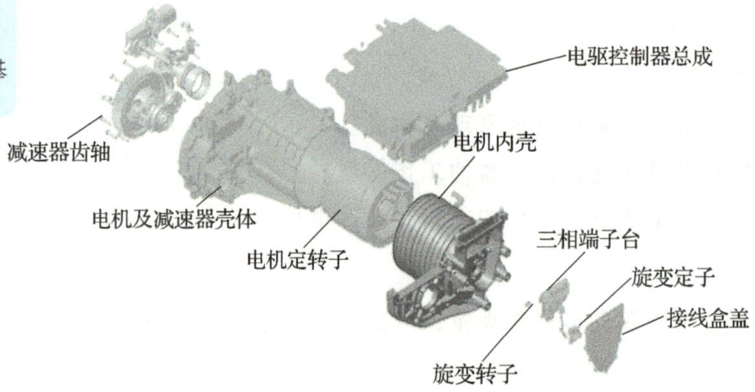
电驱控制器总成
减速器齿轴
电机内壳
电机及减速器壳体
电机定转子
三相端子台
旋变定子
接线盒盖
旋变转子

图 4-3-2　电驱动系统内部结构

1. 驱动电机总成介绍

驱动电机、电控系统、动力电池是电动汽车的核心部分，称为“三电”。在电动汽车上驱动电机替代了传统汽车上的发动机和发电机。内燃机通常是把化学能转化为机械能驱动车辆行驶。而驱动电机既可以将电能转化为机械能驱动车辆行驶，也可作为发电机将机械能转化为电能并存储在电池上。

纯电版和增程版电驱总成均布置在后桥，电驱铭牌和驱动电机钢印号均位于驱动电机侧面。如图 4-3-3 所示。逸动纯电动汽车驱动电机总成安装于前舱，与减速器、传动半轴连接，通过上方两个悬置支架与机舱悬架焊接总成装配，以及后悬置支架与副车架连接。

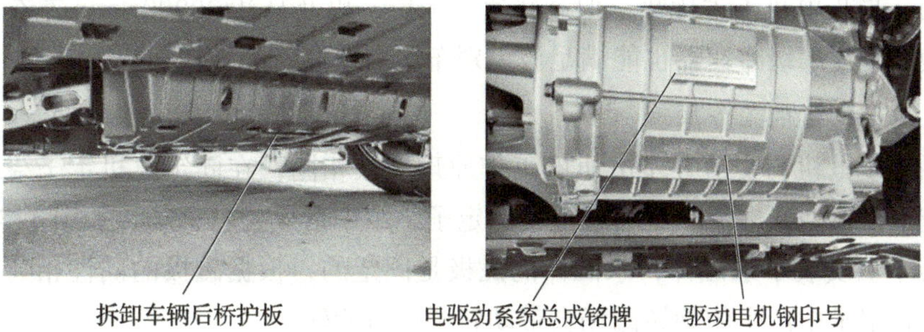
拆卸车辆后桥护板
电驱动系统总成铭牌
驱动电机钢印号

图 4-3-3　驱动电机安装位置

（1）驱动电机的结构

以三相交流永磁同步电机为例，驱动电机外部有三相交流线连接端口、冷却液管端口以及低压线束连接端口，如图 4-3-4 所示。

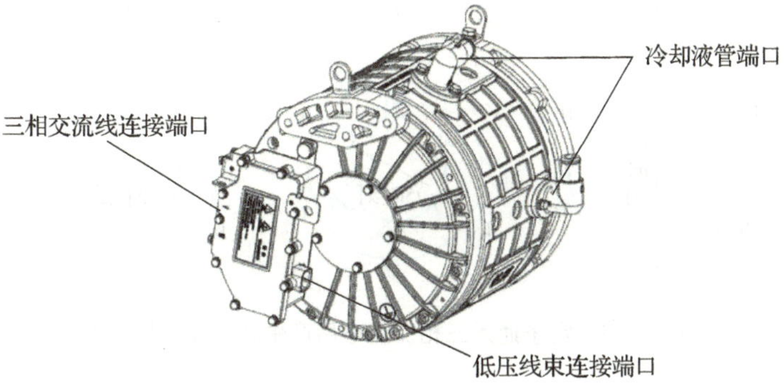
冷却液管端口
三相交流线连接端口
低压线束连接端口

图 4-3-4　驱动电机外部接口图

驱动电机内部主要由定子组件、转子组件、前后端盖、旋转变压器和温度传感器组成，如图 4-3-5 所示。

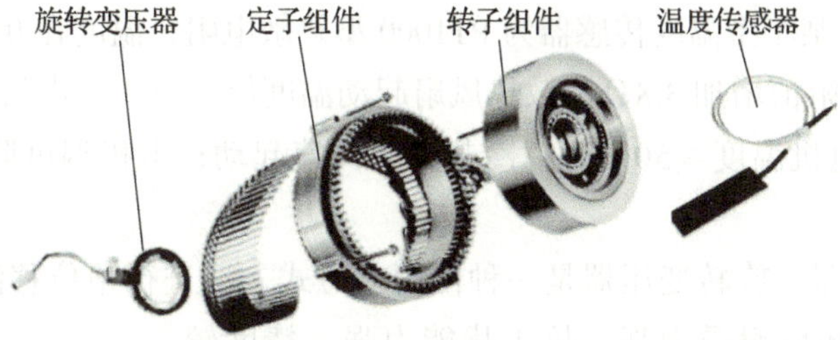
旋转变压器
定子组件
转子组件
温度传感器

图 4-3-5　某车型驱动电机分解图

其中，永磁同步电机的转子采用永久磁铁，和交流异步电机相比具有结构简单、运行可靠、功率密度大、能量转换率高等优点，适合低速、高速及复杂工况，再加上永磁同步电机的体积也更小，布置更为灵活，在我国电动汽车领域应用广泛。但永磁同步电机也有技术瓶颈，因转子为永久磁铁原料，难以通过改变励磁的方法来调节转速。并且该材料为稀土原料，对工作环境要求比较苛刻，在剧烈振动或温差较大的情况下容易出现断裂或退磁。特斯拉 Model S 也因此采用异步交流电机，尽管在重量和体积方面，异步电机不占优势，但其转速范围广，以及高达 20000r/min 左右的峰值转速，即使不匹配二级差速器也能满足该级别车型高速巡航的转速需求。

（2）驱动电机的工作原理

永磁同步电机与交流异步电机的工作原理大致相同，在固定电机定子绕组中通入三相交流电。在通入电流后就会在电机的定子绕组中形成旋转磁场，如图 4-3-6 所示。由于在转子上安装了永磁体，永磁体的磁极是固定的，根据磁极的同性相吸异性相斥的原理，在定子中产生的旋转磁场会带动转子进行旋转。

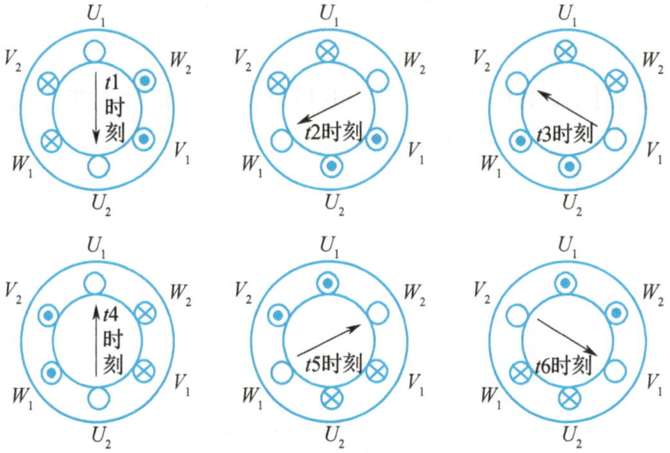
U_1
V_2
W_2
V_1
W_1
U_2
t1时刻
t2时刻
t3时刻
t4时刻
t5时刻
t6时刻

图 4-3-6　定子通入三相交流电后产生旋转磁场原理图

（3）驱动电机的传感器

电机控制器在控制驱动电机时，需采集电机温度信号和电机的转子位置信号，这两种信号分别由温度传感器和旋转变压器进行采集。

1）温度传感器。电机温度传感器的作用是检测电机定子绕组的温度，并提供散热风扇起动的信号。某车型温度传感器为 PT1000 型热敏电阻，温度在 0℃时阻值为 100Ω，温度每增加 1℃，阻值增加 3.8Ω。散热风扇起动温度值：45℃≤电机温度 <50℃时冷却风扇低速起动；电机温度≥50℃时，冷却风扇高速起动；电机温度降至 40℃时冷却风扇停止工作。

2）旋转变压器。旋转变压器是一种使用电磁式方法进行角位移测量的传感器。特点是稳定性高，环境耐受力强，抗干扰能力强，精度较高。旋转变压器本质上是一种变压器，具有一次侧和二次侧。在一次侧施加正弦交变电压，在二次侧可得到频率一样的交变电压。其机械结构与电机相似，具有定子和转子，转子上的缺口影响一次侧与二次侧之间的磁导率，进而，二次侧输出电压幅值与转子相对位置有关，即可测得转子所在位置。如图 4-3-7 为磁阻式旋转变压器。

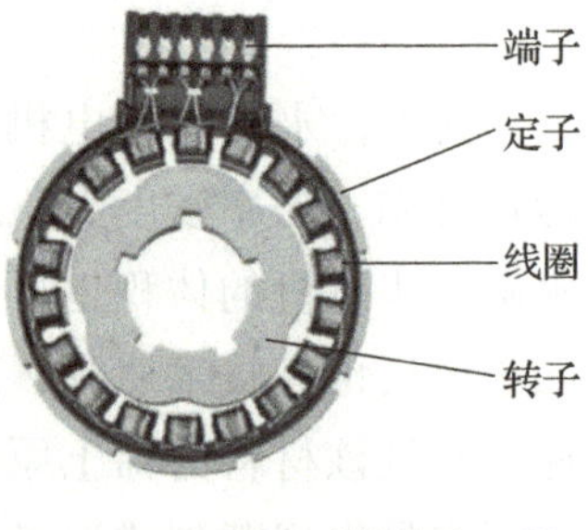
端子
定子
线圈
转子

图 4-3-7　磁阻式旋转变压器

2. 驱动电机运行模式

驱动电机安装在纯电动汽车上，因工况不同，也会有不同运行模式。按照档位选择不同和行驶速度不同其运行模式可分为 4 种：蠕行模式、驱动模式、滑行能量回收模式、制动能量回收模式。

驱动电机运行模式

（1）蠕行模式

蠕行模式是指车辆处于行驶模式，未踩下制动踏板，未踩下加速踏板，档位处于 D 位，车辆自动以 8km/h 的速度进行行驶的模式，相当于传统发动机的怠速。

（2）驱动模式

驱动模式与传统汽车一样，为档位处于 D/R 位，踩下加速踏板的行驶模式；由于电机具有低速加速性能好的特点，电动汽车加速性能非常好。

（3）滑行能量回收模式

滑行能量回收模式是指车速在 18km/h 之上时，松开加速踏板，车辆会利用电机发电给电池包充电，将动能转化为电能，从而降低车速的一种模式。

（4）制动能量回收模式

制动能量回收模式是指车速在 18km/h 之上，松开加速踏板，踩下制动踏板时，进行能量回收的一种模式。

纯电动汽车在制动时主要利用机械制动和电磁制动协同工作，根据制动工况不同可分为急制动、中轻度制动和长下坡制动。其中，急制动主要以机械制动为主，电磁制动同时工作；中轻度制动由机械制动负责停车过程，电磁制动负责减速过程；长下坡制动在对制动力要求不大时，可完全由电磁制动提供。

滑行能量回收和制动能量回收都可利用电磁制动来完成。电磁制动是让定子产生一个比转子实际旋转速度要慢的旋转磁场，使转子和定子旋转磁场之间有相对运动，这种运动会使电机产生制动力，也相当于定子绕组在切割磁力线，根据电磁感应原理，在绕组内部会产生感应电流，感应电流再通过逆变器转换为直流电，向动力电池包充电。如图 4-3-8 所示。

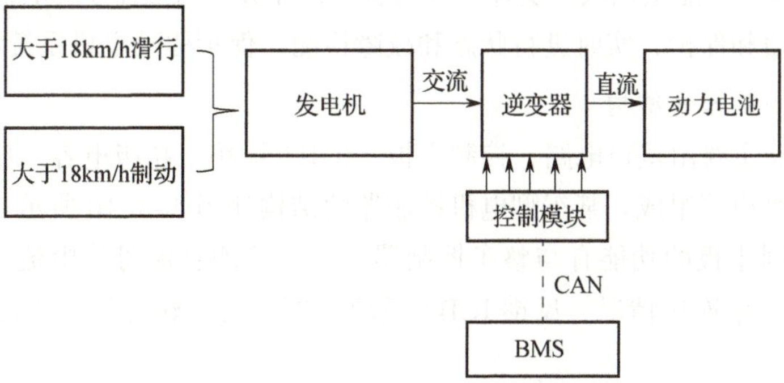

大于18km/h滑行
大于18km/h制动
发电机
交流
逆变器
直流
动力电池
控制模块
CAN
BMS

图 4-3-8　驱动电机制动能量回收原理框图

（5）电机的低压通信

驱动电机的旋转变压器信号和温度传感器信号通过低压通信线束传递至电机控制器中，进行解码分析后可得知电机的转速和温度情况。以逸动 EV460 为例，电机低压通信接口共有 8 个针脚，如图 4-3-9 所示。

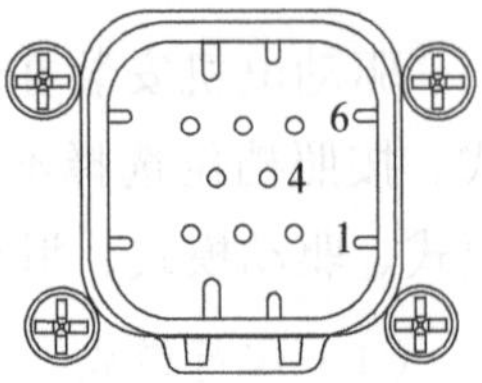
6
4
1

图 4-3-9　电机低压插接件 AMP776276 端子示意图

旋转变压器共有 3 对信号，分别为激励信号正 / 负、正弦信号正 / 负、余弦信号正 / 负，通过这 3 组信号可得知电机转子的实时位置。温度传感器共有 1 组信号，见表 4-3-1。

表 4-3-1　电机低压插接件 AMP776276 端子定义

序号	定义		规范值
1	激励 +	旋变激励信号；（双绞屏蔽线）	（24 ± 2.4）Ω
2	激励 -	旋变激励信号地；（双绞屏蔽线）	
3	cos+	旋变 COS 信号；（双绞屏蔽线）	（120 ± 12）Ω
4	cos-	旋变 COS 信号地；（双绞屏蔽线）	
5	sin+	旋变 SIN 信号；（双绞屏蔽线）	
6	sin-	旋变 SIN 信号地；（双绞屏蔽线）	
7	tmp+	电机温度传感器信号正	（1 ± 0.2）kΩ
8	tmp-	电机温度传感器信号地	

这 8 个信号电流均不超过 1A，因此，在电机维护测量时，温度传感器和旋转变压器可采用检测其电阻值是否为规范值判断其功能的好坏。

3. 电机控制器总成

根据 GB/T 18488.1—2006《电动汽车用电机及其控制器技术条件》对电机控制器的定义，电机控制器是控制牵引电源与电机之间能量传输的装置，由外界控制信号接口电路、电机控制电路和驱动电路组成。

电机控制器主要功能包括车辆的怠速控制（爬行）、控制电机正转（前进）、控制电机反转（倒车）、能量回收（交流转换直流）、驻坡（防溜车）。电机控制器的另一重要功能是通信和保护，实时进行状态和故障检测，保护驱动电机系统和故障反馈。

（1）电机控制器的结构

电机控制器主要由接口电路、控制主板、IGBT 模块、超级电容、放电电阻、电流感应器和壳体水道等组成。某车型电机控制器的结构如图 4-3-10 所示。

其中，控制主板的功能有与整车控制器通信、检测直流母线电流、控制 IGBT 模块、监控高压线束连接情况、反馈 IGBT 模块温度、为旋转变压器励磁供电、旋变信号分析。

IGBT 模块的功能有检测直流母线电压、将直流电转换为交流电及变频、检测相电流大小、检测 IGBT 温度、将交流电转换为直流电。

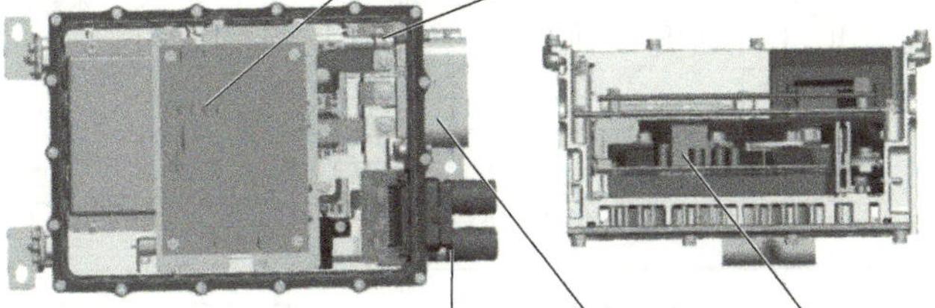
控制主板
水道
UVW高压插件
IGBT模块及驱动板
直流高压插件

图 4-3-10 某车型电机控制器的结构

超级电容与直流母线、放电电阻接通高压电路时给电容充电，在电机起动时保持电压稳定。放电电容在断开高压电路时，通过电阻给电容放电。

电机控制器内使用以下传感器来提供驱动电机系统的工作信息：

1）电流传感器：用以检测电机工作的实际电流（包括母线电流、三相交流电流）。

2）电压传感器：用以检测供给电机控制器工作的实际电压（包括动力电池电压、12V 蓄电池电压）。

3）温度传感器：用以检测电机控制系统的工作温度（包括 IGBT 模块温度、电机控制器板载温度）。

（2）电机控制器的工作原理

电机控制器系统主要由电机控制器、驱动电机、电子换档操纵装置、加速装置组成，还包括高压电线、信号线和冷却系统。其主要实现以下功能：

1）档位管理功能。

2）转矩解析功能。

3）保证制动优先。

4）电机转速及工作温度测量。

5）网络管理和监控功能。

6）对电机系统安全管理及系统保护功能。

电机控制器在工作时需提前接受以下信号：电子档位信号、加速踏板信号、高压配电信号、点火开关信号、车速信号、制动信号。以上信号通过传感器传递给电机控制器，电机控制器处理以上信号后通过控制电路驱动 IGBT 模块实现直流电到交流电的转换，以驱动电机，或通过变频实现电机的调速。如图 4-3-11 所示。

（3）电机控制器低压通信

电机控制器外部有高压直流输入线束与高压配电盒连接，高压交流线束与电机连接，以及低压通信线束、冷却液管。逸动纯电动电机控制器低压通信插头如图 4-3-12 所示。

其中，低压通信线束分别接受来自电机的旋变信号、温度传感器信号，以及通过 CAN 线与整车控制器保持通信，逸动纯电动汽车的电机控制器低压插接件定义见表 4-3-2。

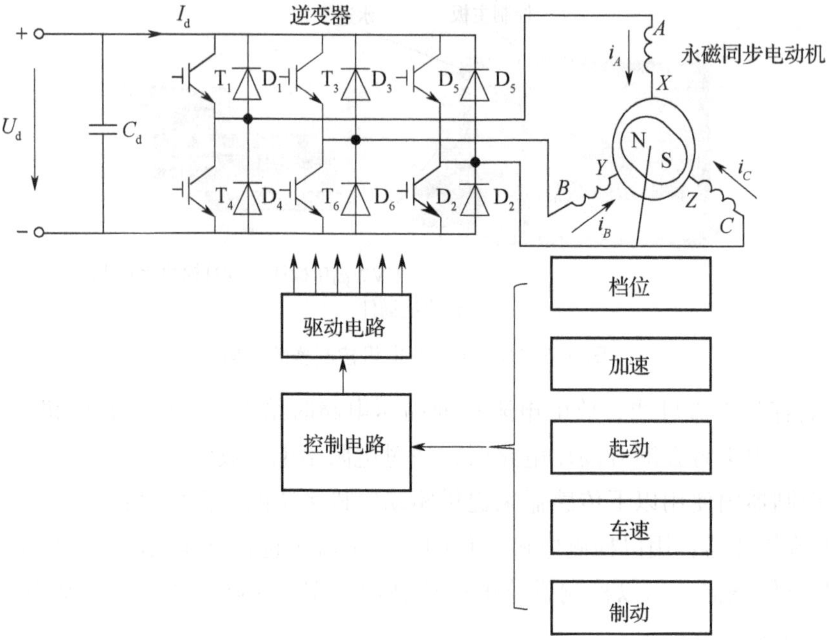

逆变器
永磁同步电动机
档位
加速
起动
车速
制动
驱动电路
控制电路

图 4-3-11　驱动电机原理图

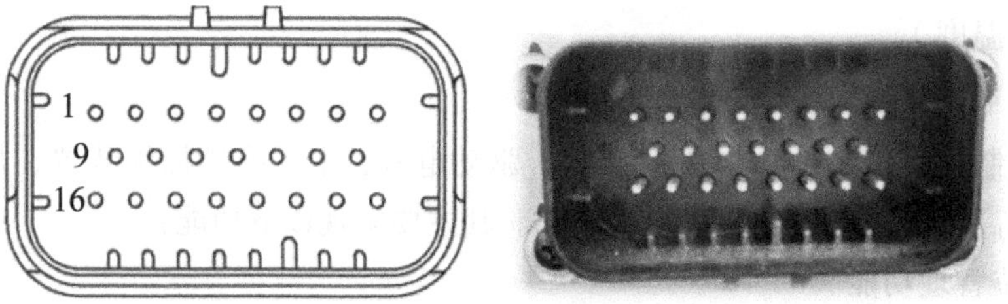

图 4-3-12　逸动低压通信插头

表 4-3-2　逸动纯电动汽车电机控制器低压插接件端子定义

序号	定义	
1	NC	—
2	IPU Wakeup	IPU 唤醒信号
3	NC	—
4	NC	—
5	KL30-IPU	IPU 12V 电源正
6	NC	—
7	OBCH Wakeup	硬线唤醒输入
8	KL30- 电源	OBC 12V 电源正
9	HVLOCK_IN	高压互锁输入
10	HVLOCK_OUT	高压互锁输出

（续）

序号	定义	
11	NC	—
12	KL31-IPU	IPU 12V 电源负
13	NC	—
14	CP	OBC CP 信号
15	DGND	信号地
16	CANFD_H	—
17	CANFD_L	—
18	NC	—
19	CAN2_H	—
20	CAN2_L	—
21	NC	—
22	NC	—
23	KL31- 电源	OBC 12V 电源负

（4）电机控制器的拆卸与安装

电机控制器的拆卸流程如下：

1）拆卸低压控制线束。

2）拆卸动力电池连接线束。

3）拆卸热管理系统高压线束。

4）拆卸电机三相交流线束。

5）拆卸冷却液管。

6）依次拆卸紧固螺栓。

安装顺序与拆卸顺序相反。

电机控制器的安装与拆卸

4. 电机驱动系统故障排除

当电机驱动系统出现故障时，驱动电机控制器将故障信息发送给整车控制器。整车控制器根据电机、动力电池、DC/DC 等零部件故障和整车 CAN 网络故障及整车控制器硬件故障进行综合判断，确定整车的故障等级，并进行相应的控制处理。

电机驱动系统的故障发生分为三大块，一是电机控制器电路，二是驱动电机，三是电机驱动系统插件。电机控制器电路包括电源电路、高压电路系统、与整车控制器的通信、IGBT 模块、传感器解码模块，它是保证系统正常工作的前提。驱动电机包括定子绕组、旋变和温度传感器。电机驱动系统插件包括高压插件和低压插件。

在检修电机驱动系统的故障时，首先使用诊断仪检查故障码，根据故障码的提示分析故障可能原因并进行线路和电气元件的检查。电机驱动系统常见故障及排除方案见表 4-3-3。

表 4-3-3　电机驱动系统常见故障及排除方案

序号	故障名称	故障码	故障可能原因	解决办法
1	电机过温	P1901	冷却系统工作异常	检查冷却液是否充足、水泵是否工作正常、冷却液管是否堵塞或堵气
			电机低压信号线插头连接松动或退针	检查信号线插头
			电机本体损坏（长时间过载）或温度传感器损坏	检查温度传感器阻值是否超出 1±0.2kΩ 范围，更换电机
2	电机超速	P1902	整车负载突然降低；电机转矩控制失效	如重新供电不复现
			电机低压信号线插头连接松动或退针	检查信号线插头
			控制器损坏	更换控制器
			电机旋变损坏	检测电机端旋变激励正负、sin 正负、cos 正负两端的电阻，是否分别为（24±2.4）Ω、（120±12）Ω、（120±12）Ω
3	电机控制器 IGBT 过温	P1903	冷却系统工作异常	检查冷却液是否充足，水泵是否工作正常，冷却液管是否堵塞
			IGBT 损坏或温度传感器损坏	更换电机控制器
4	电机过流	P1907	电机控制器三相线端口、三相线、电机三相线端口出现绝缘故障	检测相关端口、线束的绝缘情况
5	电机控制器过压	P1908	电机系统突然大功率充电或高压回路非正常断开	分析整车数据，如果电压报文与实际电压不相符，则需要检查高压供电回路、高压主继电器、高压插件有无异常
6	与整车控制器通信丢失	P1911	未收到整车控制器信号或网络干扰严重； 线束问题	检查 23pin 线束连接是否正常，检查 CAN 网络通信是否正常，或更换控制器

四、任务小结

1. 电驱动系统的结构及每个端口的作用。
2. 驱动电机的结构与工作原理。
3. 电机控制器的结构与原理。
4. 电驱动系统的故障诊断。

任务工单

任务名称	掌握电驱动系统的结构与检修				
姓　　名		学　　号		任务成绩	
实训设备工具	新能源专用工具车、新能源专用万用表、新能源专用解码仪				
任务描述	驱动电机超速故障排除				
任务目的	通过排除故障，逐步掌握电驱动系统的结构、工作原理				

一、资讯

在电机与控制器低压线束连接正确时，如果旋转变压器出现故障，一般分为两种情况：一种是旋转变压器本身故障，另一种是控制器旋变解码电路故障。不管哪一种故障，都将会导致电机系统无法起动或转矩输出偏小。

（1）首先检查________与________连接低压线束无退针与虚接现象，检查________低压控制插件 12V 供电是否正常。

（2）检查旋变线圈的电阻值，用万用表测量电机端旋变传感器的阻值。正确的线圈阻值经查维修手册应为：

旋变激励电阻规范值：________Ω。

旋变正弦电阻规范值：________Ω。

旋变余弦电阻规范值：________Ω。

若线圈的限值超出正常范围，需更换________。

（3）检查电机控制器与电机旋变连接低压线束的通断情况，可脱开电机控制器插头，检查 23pin 中的________和________、________和________、________和________的电阻值，若与规范值一致，且与电机端测得阻值一致，说明该低压线束________。

若旋变阻值正常，且低压线束通断正常，则可能是控制器内部旋变解码电路故障，需更换控制器主控板。

二、计划与决策

根据任务要求，确定所需要的设备、工具，并对小组成员进行合理分工，制订详细的计划。

1. 需要设备工具

2. 小组成员分工

3. 制订计划与决策

三、实施

1. 实施步骤

2. 总结实施过程中的注意事项

四、检查

五、评估

1. 自己任务完成的情况，对自己的工作进行自我评估，并提出改进意见。

1）

2）

2. 工单成绩

自我评价	组长评价	教师评价	总分

任务 4　掌握充电系统的结构原理与检修

素养目标

1. 充电问题被认为是新能源汽车推广的“最后一千米”，充电基础设施建设取得了一定的成绩，但在国内外均会面临问题与挑战。国家在电动汽车充电基础设施发展规划中明确提出了建设目标，目前已经取得了一定的成效。

2. 国家将会持续完善充电基础设施标准体系，加强建设运维、产品性能、互联互通等标准迭代更新，加快先进充换电技术标准制修订，提升标准国际化引领能力。

一、任务导入

某 4S 店内，技术主管经过各项检测之后，判断客户的深蓝汽车是充电系统故障，需要你作为维修人员协助技术主管按照规范程序排除故障。

二、学习目标

知识目标：

- 了解交 / 直流充电系统的组成。
- 了解交 / 直流充电系统各个零部件的作用。
- 了解交 / 直流充电系统工作时车与桩的交互过程。
- 能根据电路图对交 / 直流充电系统的电路进行检查及数据测量。
- 能根据电路图对纯电动汽车充电系统故障进行排除。

职业素养目标：

- 严格执行新能源汽车检修规范。
- 养成严谨科学的工作态度。
- 培养学生遇事勤思考的习惯。
- 随着充电系统的集成化，培养学生不断学习新技术的能力。
- 严格执行 6S 管理。

熟知充电系统的结构

三、理论知识

1. 充电系统

充电系统是新能源汽车动力电池补充能量以及向整车低压用电设备进行供电的系统。主要由交流慢充系统、直流快充系统、DC-DC 系统组成。其中慢充和 DC-DC 功能由电源补给系统总成实现。

相比传统燃油汽车，电源补给系统（PDU）的 DC-DC 取代了发电机，充电系统就是原来的添加燃料系统。如图 4-4-1 所示。

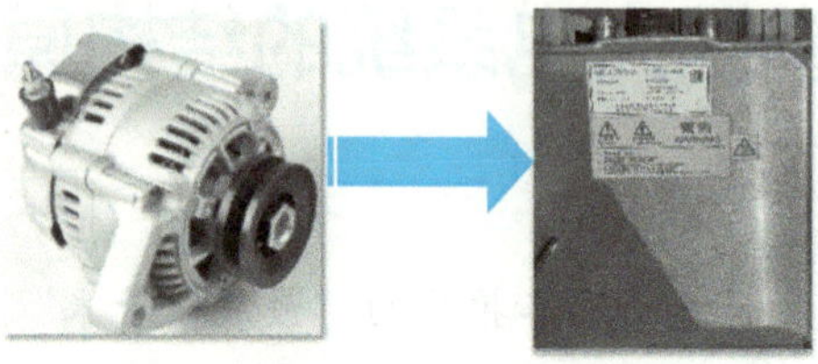
传统燃油汽车：发电机
新能源汽车：DC-DC

图 4-4-1　传统燃油汽车发电机与新能源汽车 DC-DC

电网 220V 及 380V 的交流电转化成直流电给整车进行充电储存到动力电池中，并将动力电池高压直流电通过 DC-DC 转换为 12V 低压，为整车低压用电器提供电量。充电示意图如图 4-4-2 所示。

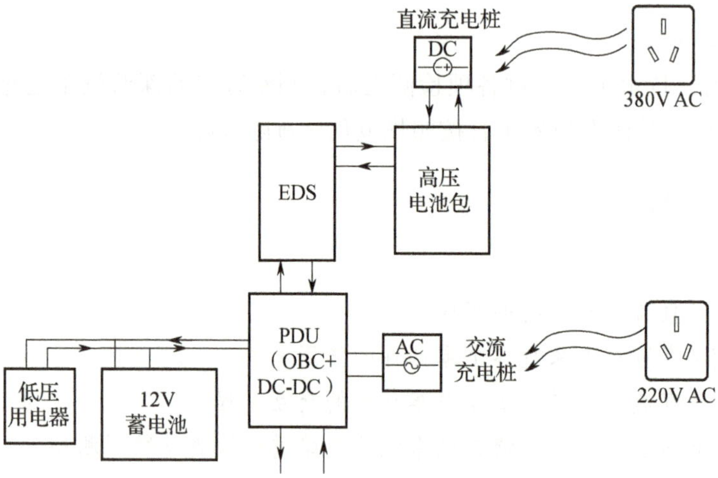
直流充电桩
DC
380V AC
EDS
高压
电池包
PDU
（OBC+
DC-DC）
AC
交流
充电桩
220V AC
低压
用电器
12V
蓄电池

图 4-4-2　充电示意图

2. 交流充电

在交流充电模式下，充电系统主要由供电设备（充电桩）、交流充电接口、高压控制盒、整车控制器、动力电池、车载充电机、低压控制线束和高压线束等组成。车载充电机（OBC）是任何一辆纯电动汽车慢充必须配置的元件，是纯电动汽车充电系统的关键部件。

交流充电方式

（1）交流充电的概述

车载充电机内部前置电路为有源或无源的 PFC 电路，它的功能是将车载充电机输入端输入的交流电整流成直流电并保证其功率因数。后置电路为 LLC（谐振软开关）的全桥变换器，功能是将前级输出的高压直流电调整为合适的电压，从而给动力电池输出相应的电压及电流。

（2）交流慢充接口定义

慢充实物图及端子分布如图 4-4-3 所示。

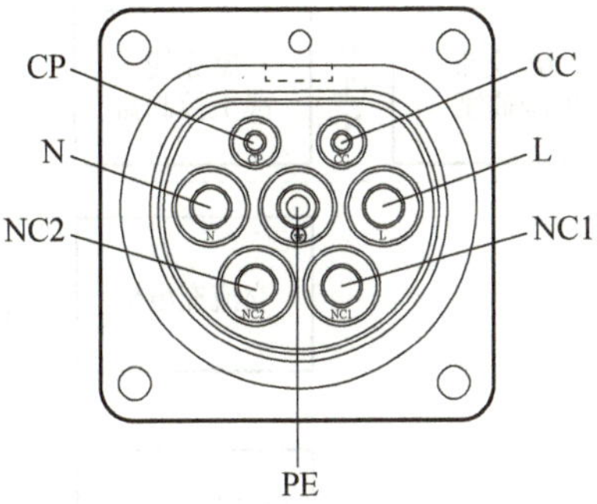
CP
CC
N
L
NC2
NC1
PE

图 4-4-3　慢充实物图及端子分布图

慢充端子定义见表 4-4-1。

表 4-4-1　慢充端子定义

信号类型	定义	备注
CC	充电连接确认信号	插枪后可在电池数据流查看，未插枪 CC=0Ω。 3.3kW 充电桩 / 家充线：680Ω 6.6kW 充电桩：220Ω 注意：充电枪上的 S3 开关，若 S3 断开 CC=R4+RC，3300~3500Ω，半连接状态，不允许充电 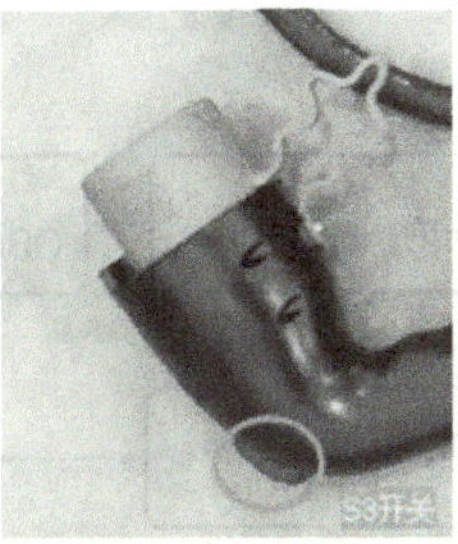 S3开关
CP	控制确认	插枪后诊断仪在电池数据查看（输入交流电流 /0.6，家充线限流 80%）。 10A 家充线：插枪有效，CP 占空比 13%； 16A 家充线：插枪后为有效，CP 占空比 21%； 3.3kW 充电桩：插枪有效，CP 占空比 26%； 6.6kW 充电桩：插枪为有效，CP 占空比 53%；
PE	接地保护	与三相插座地线相连，确认插座接地
L	交流电源（火线）	220V 交流火线
N	零线	220V 交流零线
NC1	备用预留 1	空脚
NC2	备用预留 2	空脚

（3）慢充原理框图

慢充原理框图如图 4-4-4 所示。

（4）慢充充电流程

慢充充电流程如图 4-4-5 所示。

（5）交流充电桩与电动汽车握手过程

交流充电桩与电动汽车握手过程如图 4-4-6 所示。

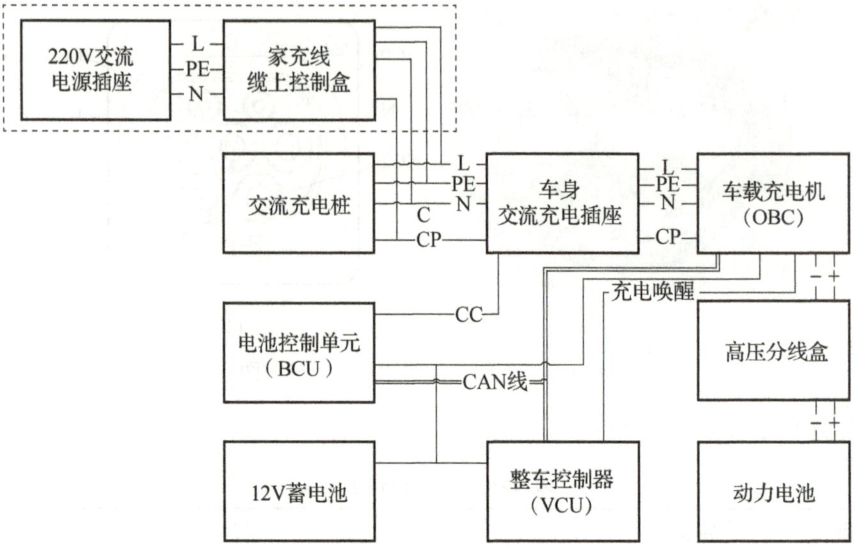
220V交流
电源插座
L
PE
N
家充线
缆上控制盒
交流充电桩
C
CP
车身
交流充电插座
车载充电机
(OBC)
充电唤醒
电池控制单元
(BCU)
CC
CAN线
高压分线盒
12V蓄电池
整车控制器
(VCU)
动力电池

图 4-4-4 慢充原理框图

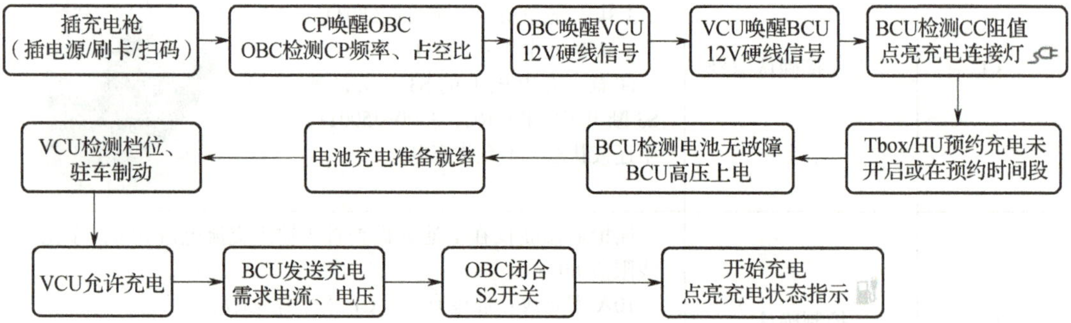
插充电枪
(插电源/刷卡/扫码)
CP唤醒OBC
OBC检测CP频率、占空比
OBC唤醒VCU
12V硬线信号
VCU唤醒BCU
12V硬线信号
BCU检测CC阻值
点亮充电连接灯
Tbox/HU预约充电未
开启或在预约时间段
BCU检测电池无故障
BCU高压上电
电池充电准备就绪
VCU检测档位、
驻车制动
VCU允许充电
BCU发送充电
需求电流、电压
OBC闭合
S2开关
开始充电
点亮充电状态指示

图 4-4-5 慢充充电流程

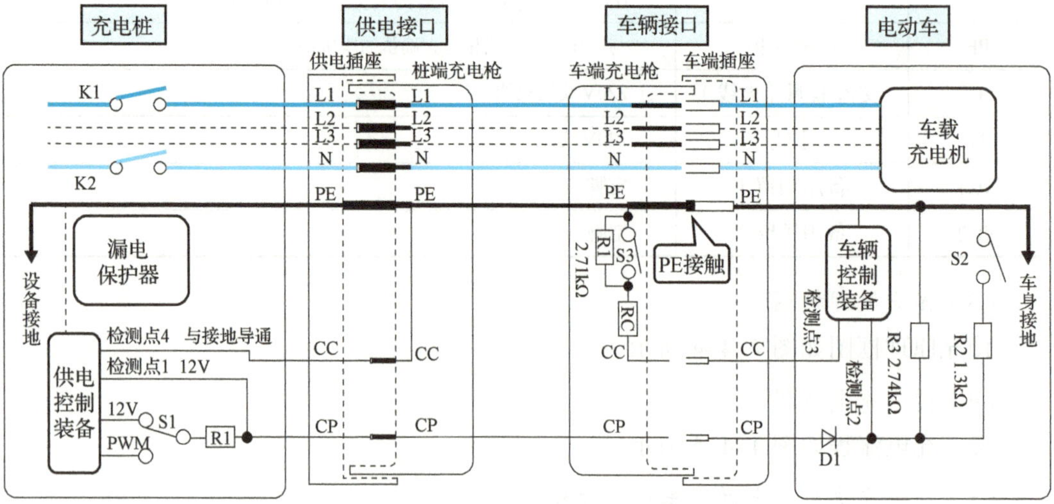
充电桩
供电接口
车辆接口
电动车
供电插座
桩端充电枪
车端充电枪
车端插座
K1
K2
L1
L2
L3
N
PE
漏电
保护器
设备接地
检测点4 与接地导通
检测点1 12V
供电
控制
装备
12V
S1
PWM
R1
CC
CP
2.71kΩ
S3
RC
PE接触
车载
充电机
车辆
控制
装备
检测点3
检测点2
R3 2.74kΩ
R2 1.3kΩ
S2
D1
车身接地

图 4-4-6 交流充电桩与电动汽车握手过程

3. 快充系统

（1）直流充电系统概述

直流电动汽车充电站，俗称“快充”，它是固定安装在电动汽车外，与交流电网连接，可以为非车载电动汽车动力电池提供直流电源的供电装置。直流充电桩的输入电压采用三相四线 AC 380V ± 15%，频率 50Hz，输出为可调直流电，直接为电动汽车的动力电池充电。由于直流充电桩采用三相四线制供电，可以提供足够的功率，输出的电压和电流调整范围大，可以实现快充的要求。

直流充电方式

（2）直流快充接口定义

直流快充实物图及端子分布如图 4-4-7 所示。

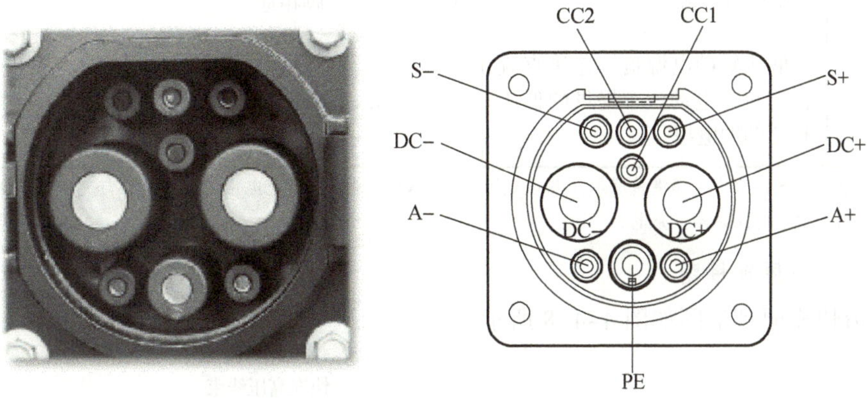
CC2
CC1
S-
S+
DC-
DC+
A-
A+
DC-
DC+
PE

图 4-4-7　直流快充实物图及端子分布图

直流快充每个端子的定义见表 4-4-2。

表 4-4-2　直流快充端子定义

接口	功能定义	解释
DC+	直流电源正，连接直流电源正与电池正极	与动力电池直流充电线束接口正极连接
DC-	直流电源负，连接直流电源负与电池负极	与动力电池直流充电线束接口负极连接
PE	保护接地（PE）连接供电设备地线和车辆车身地线	与车身接地连接
S+	直流充电通信 CAN-H，连接直流快充桩与电动汽车的通信线	S+ 与 S- 分别为直流充电桩与电动汽车 CAN-H 和 CAN-L 通信线。直流充电桩与电动汽车 BMS 组成直流充电 CAN 网络，实现车辆快充时信号交互。其中直流充电桩和 BMS 主板分别有 1 个 120Ω 终端电阻，由快充口 S+ 和 S- 低压信号线经过动力电池低压信号线，最后与 BMS 主板建立通信。 直接测量快充口的 S+ 与 S- 之间可测得 120Ω 电阻
S-	直流充电通信 CAN-L，连接直流快充桩与电动汽车的通信线	

（续）

接口	功能定义	解释
CC1	充电连接确认 1	直流充电桩检测与电动汽车连接可靠，检测直流充电插座内的 1000Ω 电阻。直接测量快充口 CC1 与 PE 之间电阻值 1000Ω
CC2	充电连接确认 2	电动汽车 BMS 检测直流充电枪连接可靠，检测直流充电枪的 1000Ω 电阻。可通过诊断仪测量电池数据流 CC2 阻值为 1000Ω
A+	低压辅助电源正，连接直流快充桩为电动汽车提供的低压 12V 辅助电源	扫码或刷卡后，直流充电桩通过 A+ 接口向电动汽车输出 12V 正唤醒电，唤醒 VCU。直流充电口 A+ 脚与 VCU A+ 脚相通
A−	低压辅助电源负，连接直流快充桩为电动汽车提供的低压 12V 辅助电源	与电动汽车车身地连接，与车身地相通

注：直流快充线束内有温度传感器（热敏电阻），由 VCU 进行检测充电温度，当插座与充电枪接触不良造成局部过热时及时停止充电。

（3）快充原理框图

直流快充原理框图如图 4-4-8 所示。

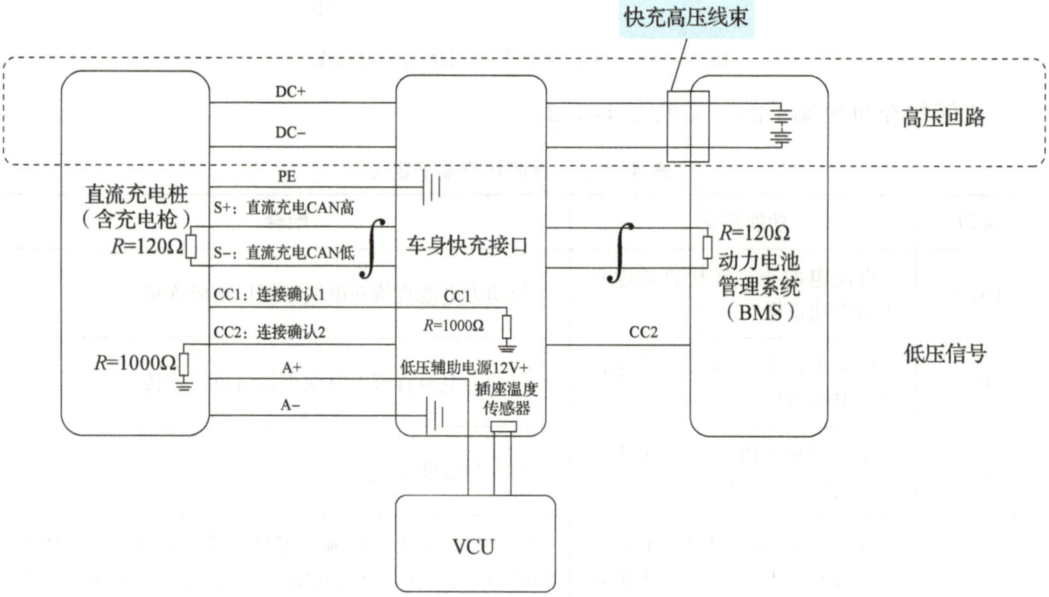

快充高压线束
高压回路
DC+
DC−
PE
直流充电桩
（含充电枪）
R=120Ω
S+：直流充电CAN高
S−：直流充电CAN低
车身快充接口
R=120Ω
动力电池
管理系统
（BMS）
CC1：连接确认1
CC1
R=1000Ω
CC2：连接确认2
CC2
R=1000Ω
A+
低压辅助电源12V+
插座温度
传感器
A−
低压信号
VCU

图 4-4-8　直流快充原理框图

（4）直流快充充电流程

直流快充充电流程图如图 4-4-9 所示。

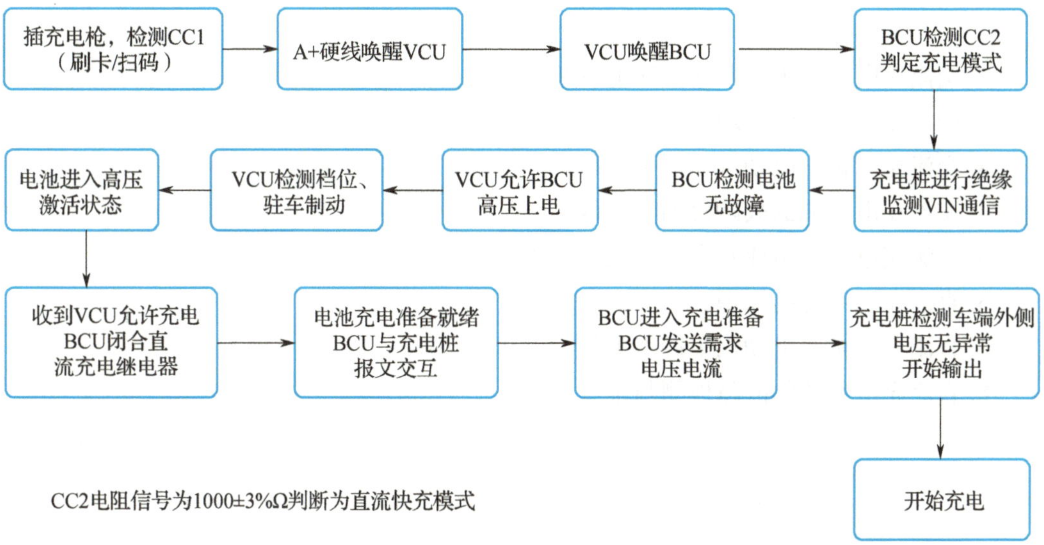
插充电枪，检测CC1（刷卡/扫码）
A+硬线唤醒VCU
VCU唤醒BCU
BCU检测CC2判定充电模式
充电桩进行绝缘监测VIN通信
BCU检测电池无故障
VCU允许BCU高压上电
VCU检测档位、驻车制动
电池进入高压激活状态
收到VCU允许充电BCU闭合直流充电继电器
电池充电准备就绪BCU与充电桩报文交互
BCU进入充电准备BCU发送需求电压电流
充电桩检测车端外侧电压无异常开始输出
开始充电
CC2电阻信号为1000±3%Ω判断为直流快充模式

图 4-4-9　直流快充充电流程图

(5) 直流充电桩与电动汽车握手过程

直流充电桩与电动汽车握手过程如图 4-4-10 所示。

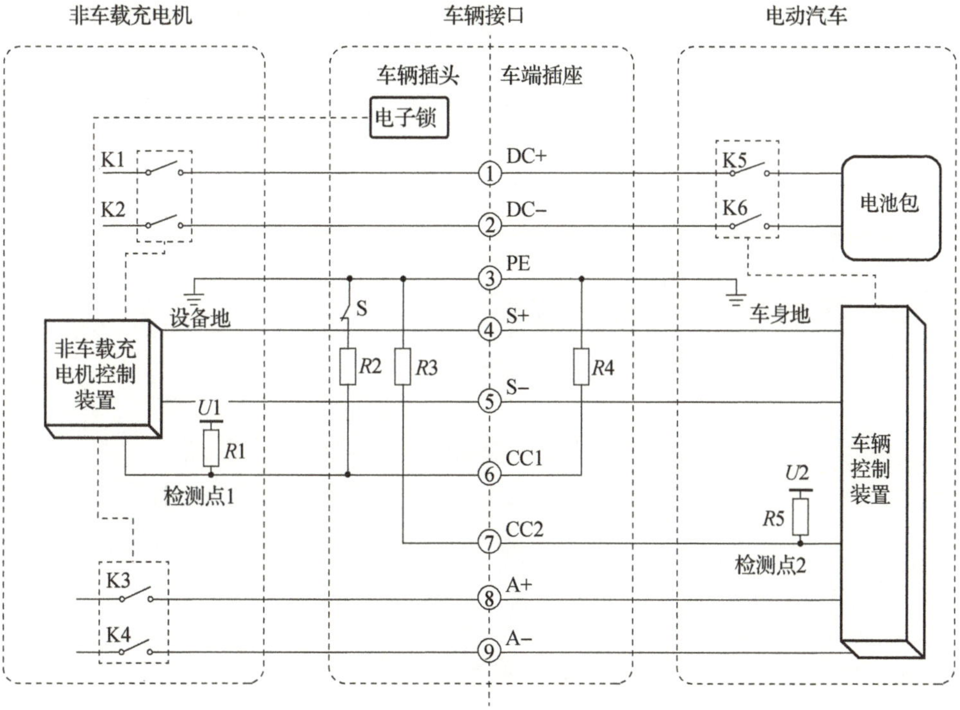
非车载充电机
车辆接口
电动汽车
车辆插头
车端插座
电子锁
K1
K2
K3
K4
K5
K6
DC+
DC−
PE
S+
S−
CC1
CC2
A+
A−
电池包
设备地
车身地
S
R1
R2
R3
R4
R5
U1
U2
非车载充电机控制装置
车辆控制装置
检测点1
检测点2

图 4-4-10　直流充电桩与电动汽车握手过程

四、任务小结

1. 交流充电系统组成及交流充电口端子定义。
2. 交流充电系统的原理。
3. 交流充电桩与电动汽车握手过程。
4. 交流充电系统的故障检测与维修。
5. 直流充电系统组成及直流充电口端子定义。
6. 直流充电系统的原理。
7. 直流充电桩与电动汽车握手过程。
8. 直流充电系统的故障检测与维修。

任务工单

任务名称	掌握充电系统的结构原理与检修				
姓　　名		学　　号		任务成绩	
实训设备工具	新能源专用工具车、新能源专用万用表、新能源专用绝缘仪、新能源专用放电工具、新能源车				
任务描述	检测及维修慢充不能充电故障				
任务目的	严格按照要求检测及维修慢充不能充电故障				

一、资讯

1. 标出慢充及快充端子号及每个端子的意义。

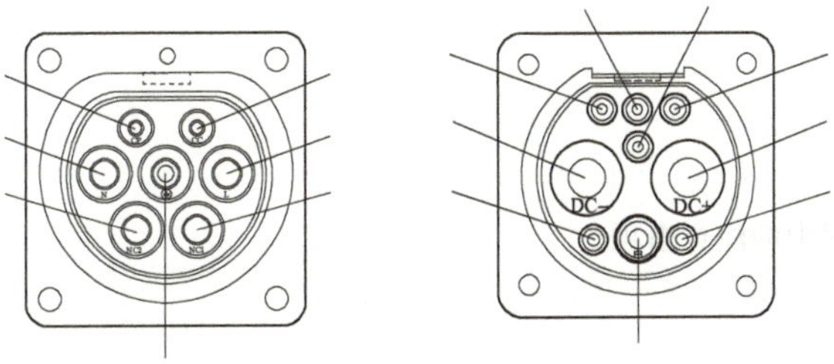
DC-
DC+

2. 画出慢充的充电逻辑图。

3. 画出快充的充电逻辑图。

二、计划与决策

根据任务要求，确定所需要的设备、工具，并对小组成员进行合理分工，制订详细的计划。

1. 需要设备工具

2. 小组成员分工

3. 制订计划与决策

三、实施

1. 实施步骤

2. 总结实施过程中的注意事项

四、检查

五、评估

1. 自己任务完成的情况，对自己的工作进行自我评估，并提出改进意见。

1）

2）

2. 工单成绩

自我评价	组长评价	教师评价	总分

任务 5　掌握纯电动汽车的热管理系统

素养目标

1. 更换热管理系统电池包冷却液时，冷却液容易喷洒出来，污染环境。因此，在该系统的检测与维修时，教师应着重强调规范并按照要求进行，培养学生精益求精的工匠精神。

2. 热管理系统不断发展变化并且集成度越来越高，这就要求学习者不断学习，并逐渐养成终生学习的意识。同时，学生应当意识到技术学习不是一劳永逸的。

一、任务导入

纯电动汽车的热管理系统相对传统汽车的空调而言，结构稍微显得有些复杂。那么热管理系统有哪些子系统构成？控制原理是什么？电池包的制热和车内人员吹的热风有什么关系？若客户反映某纯电动汽车空调热管理系统不制热。作为一名维修技师，该如何帮客户进行检查并排除热管理系统不制热故障？

二、学习目标

知识目标：

- 掌握空调制冷系统的构造和工作原理。
- 掌握制热系统的构造和工作原理。
- 掌握冷却系统的构造和工作原理。
- 了解送风系统的构造和原理。

职业素养目标：

- 严格执行新能源汽车检修规范。
- 养成精益求精的工匠精神。
- 养成团队协作精神。
- 严格执行 6S 管理。

三、理论知识

热管理系统可以给乘客室提供舒适的乘坐环境。系统通过执行下列功能来控制进入乘客室的空气：冷却、干燥、暖风、换气和净化。

1. 热管理系统结构与原理

热管理系统的结构

新鲜空气从空调进风罩开始，经纱窗过滤器、HVAC 总成、风道，然后到达各个出风口，进入车内空间。空调系统由下列主要子系统组成：

1）制冷系统。

2）制热系统。

3）送风系统。

4）冷却系统。

（1）制冷系统

1）制冷系统的结构。

空调制冷系统由电动压缩机、冷凝器、压力开关、膨胀阀、增发器及管路等组成。其系统结构图如图 4-5-1 所示。

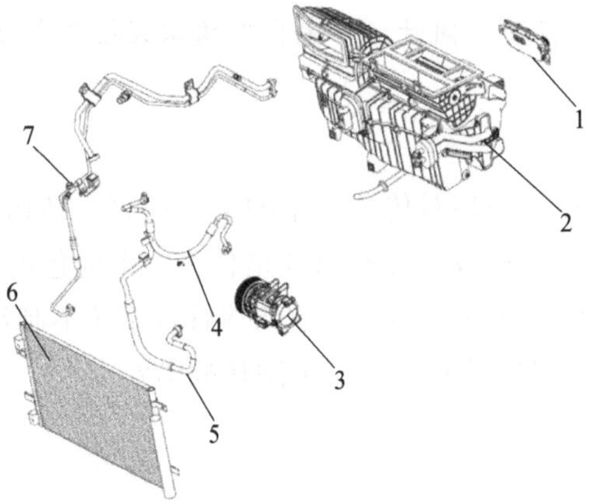
1
2
3
4
5
6
7

图 4-5-1　制冷系统结构示意图

制冷系统各部件的名称见表 4-5-1。

表 4-5-1　制冷系统各部件的名称

序号	名称
1	电子手动空调控制器及控制面板总成
2	暖通空调总成
3	压缩机总成
4	压缩机吸入管总成
5	压缩机排出管总成
6	冷凝器总成
7	蒸发器连接管总成

2）制冷系统主要核心零部件介绍。

①压缩机。汽车空调压缩机是汽车空调制冷系统的心脏，起着压缩和输送制冷剂蒸汽，保证制冷循环正常的作用。纯电动汽车的压缩机，无传统压缩机所具备的离合器等驱动结构。而是通过高压直流电驱动压缩机，完成制冷剂的压缩过程，通过低压（12V）进行压缩机驱动的控制和转速的调节。

控制驱动模式：通过整车高压驱动、低压 CAN 通信控制，控制器位于压缩机本体上方。压缩机总成如图 4–5–2 所示。

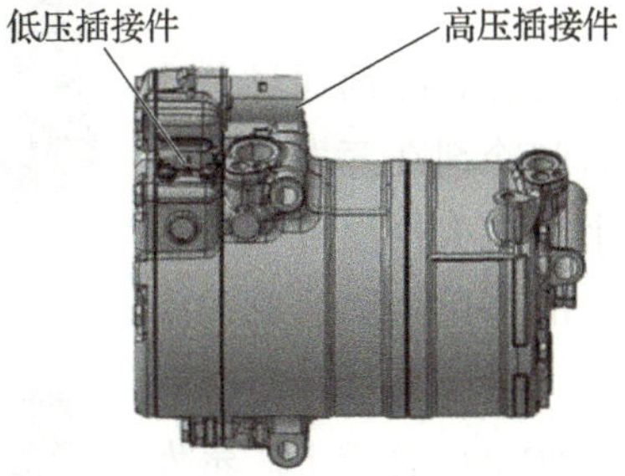

低压插接件
高压插接件

图 4–5–2　压缩机总成

压缩机控制器 ACCM 低压插接件定义如图 4–5–3 所示。

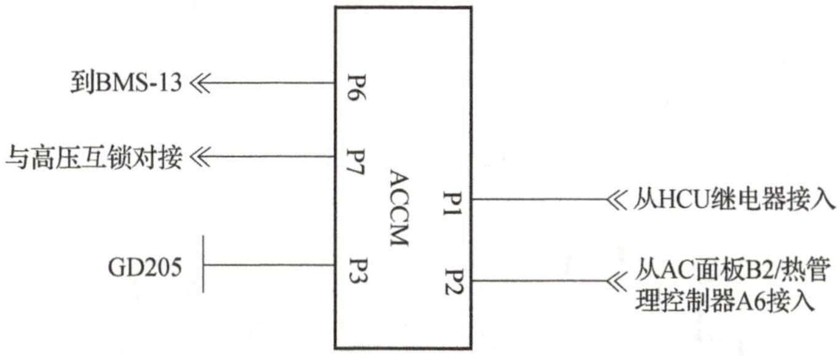

到BMS-13
与高压互锁对接
GD205
P6
P7
P3
ACCM
P1
P2
从HCU继电器接入
从AC面板B2/热管理控制器A6接入

图 4–5–3　压缩机控制器 ACCM 低压插接件定义

②冷凝器。从空调压缩机出来的高压高温制冷剂蒸汽流入冷凝器，冷凝器由铝管和冷却翅片制成，冷却翅片通过散热把高压高温制冷剂蒸汽凝结成高压中温液体。冷凝器的安装位置如图 4–5–4 所示。

图 4–5–4　冷凝器的安装位置

③储液干燥瓶。储液干燥瓶安装在冷凝器左侧。其作用是进行制冷剂的存储、过滤、干燥，控制气态制冷剂在其内部滞留，释放液态制冷剂。

从储液干燥瓶出来的只能是高压中温的液态制冷剂。储液干燥瓶内部有吸附制冷系统水分的干燥剂。

④膨胀阀。使中温高压的液态制冷剂通过节流变成低温低压的湿蒸汽，然后制冷剂在蒸发器中吸收热量达到制冷效果。简单来说：根据温度变化自动调节节流，控制制冷剂流量的作用。膨胀阀的安装位置如图 4-5-5 所示。

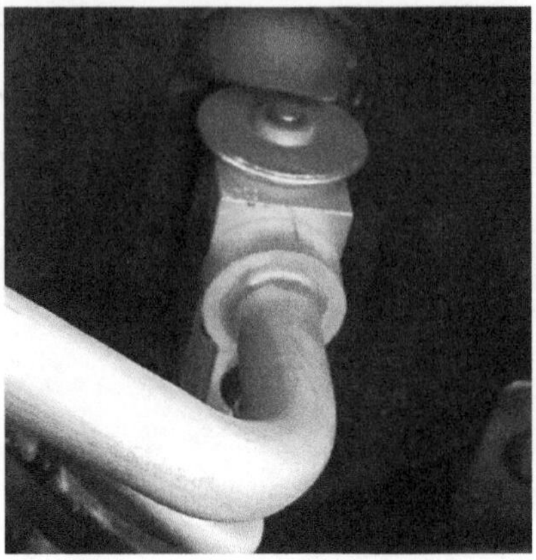

图 4-5-5 膨胀阀的安装位置

⑤蒸发器。蒸发器安装于 HVAC 总成上。蒸发器利用液态低温制冷剂在低压下易蒸发，转变为蒸汽并吸收被冷却介质的热量，达到制冷的目的。

大量吸收空气中的热量，致使空气温度降低。空气中的水蒸气在蒸发器表面冷凝成水，经过蒸发器排水管排出车外。

3）制冷系统的工作原理。

空调制冷系统的工作原理如图 4-5-6 所示。

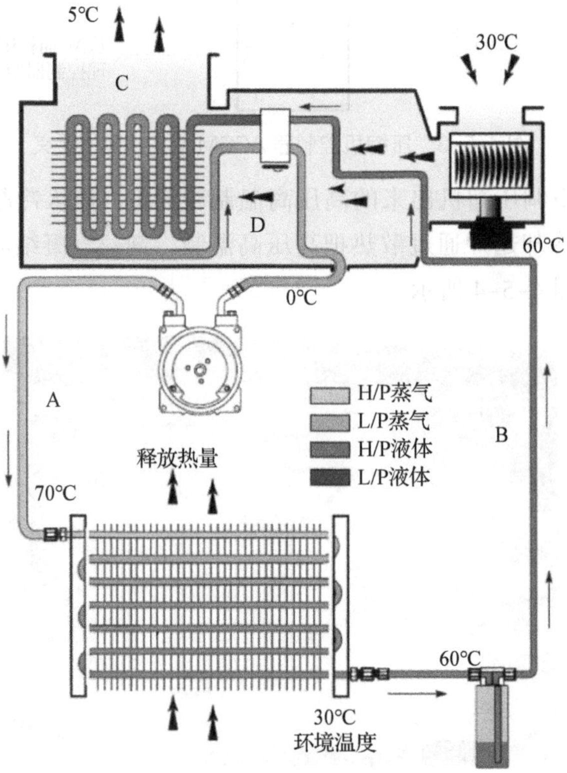
5℃
C
30℃
D
60℃
0℃
A
H/P蒸气
L/P蒸气
H/P液体
L/P液体
B
释放热量
70℃
60℃
30℃
环境温度

图 4-5-6 空调制冷系统的工作原理

气态制冷剂从压缩机入口处吸入，然后被压缩。制冷剂因而被加热到 70~110℃之间。

然后，压缩气体被泵入冷凝器中。冷凝器是由许多供空气穿流的散热片组成的，因而使压缩气体能被外界迎风和从冷凝器风扇吸入的空气充分冷却。被冷却以后的制冷剂储存在干燥瓶里。浓缩的液态制冷剂通过膨胀阀后，压力下降，温度迅速上升，同时有一部分制冷剂被蒸发。膨胀阀刚好在制冷管路中蒸发器前面部分，而制冷剂在蒸发器里被完全蒸发。因为蒸发器是冷的，所以通过此处的空气也会被冷却。

（2）制热系统

电动汽车没有传统汽车的发动机，不能用传统的模式来采暖。因此，只有靠电加热器的热能来采暖。在空调的暖通部分，热源为 PTC 加热电阻。也有的电控车型，使用 PTC 加热电阻冷却液作为热源。

1）制热系统的结构。制热系统由电加热器总成、电加热器进水管、电加热器出水管、三通、加注液壶总成等组成。其系统结构图如图 4-5-7 所示。

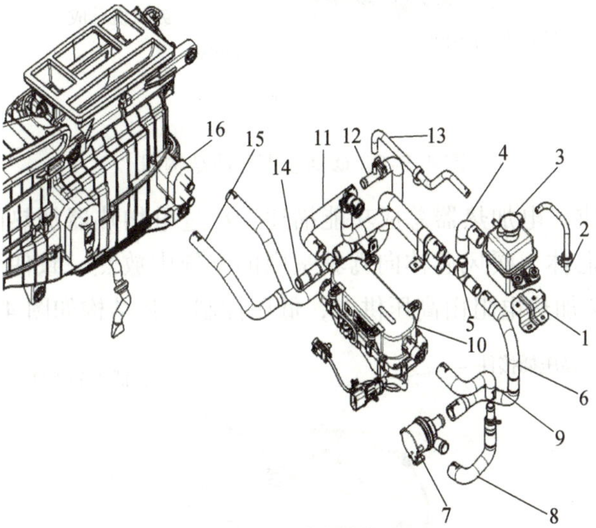

16
15
11
12
13
14
4
3
2
5
10
1
6
9
7
8

图 4-5-7　制热系统结构图

制热系统的结构具体名称见表 4-5-2。

表 4-5-2　制热系统的结构具体名称

序号	名称	序号	名称
1	加注液壶安装支架	9	电加热器进水管
2	暖通补水管总成	10	电加热器总成
3	加注液壶总成	11	电加热器出水管
4	加注液壶出水管	12	暖通出水管总成
5	三通	13	暖通排气管总成
6	暖风水泵进水管	14	带传感器两通
7	暖风水泵总成	15	暖通进水管
8	暖风水泵出水管总成	16	暖通空调总成（电动）

2）制热系统主要核心零部件介绍。

①暖通空调总成。暖通空调是具有采暖、通风和空气调节功能的空调器。由于暖通空调的主要功能包括采暖、通风和空气调节这三个方面，缩写为 HVAC（Heating Ventilating and Air Conditioning），取这三个功能的综合简称，即为暖通空调。暖通空调总成结构图如图 4-5-8 所示。

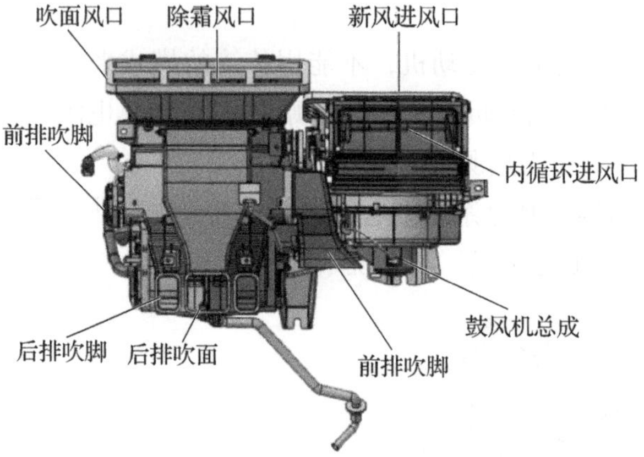
吹面风口
除霜风口
新风进风口
前排吹脚
内循环进风口
鼓风机总成
后排吹脚
后排吹面
前排吹脚

图 4-5-8　暖通空调总成结构图

②电加热器总成。电加热器总成功能描述：经过电加热器加热的水通过暖风芯体的进水管进入暖风芯体，暖风芯体向驾驶室内的空气中放热，致使驾驶室内空气温度受热上升。逸动 EV 加热电阻由高压供电，低压控制。其结构如图 4-5-9 所示。

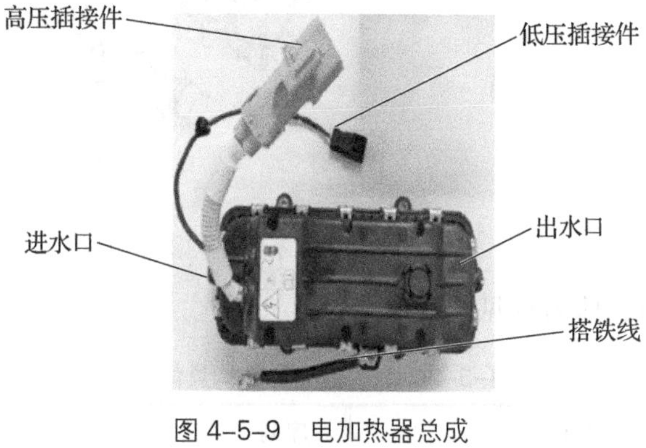
高压插接件
低压插接件
进水口
出水口
搭铁线

图 4-5-9　电加热器总成

电加热器总成上的高压插接件结构和低压插接件电路图分别如图 4-5-10 和图 4-5-11 所示。

③暖通水泵。暖通水泵的作用是让制热系统形成一个有力的循环。其安装示意图如图 4-5-12 所示。

④热管理控制器。热管理模块控制器及安装支架总成布置在驾驶室内的左前方前围板处，具体位置位于助力转向后下方，逸动 EV 热管理控制器如图 4-5-13 所示。

（3）送风系统

送风系统的组成主要有鼓风机、风道、内外转换风门、空调滤芯和出风口等。

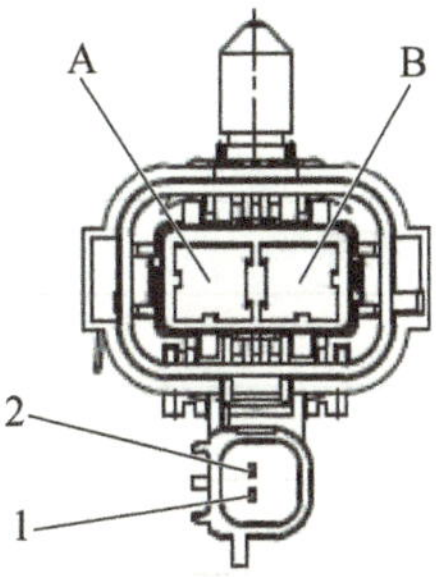
A
B
2
1

端子	高压插接件
A	HV+
B	HV−
1	HV_IL+
2	HV_IL−

图 4-5-10　高压插接件结构及定义

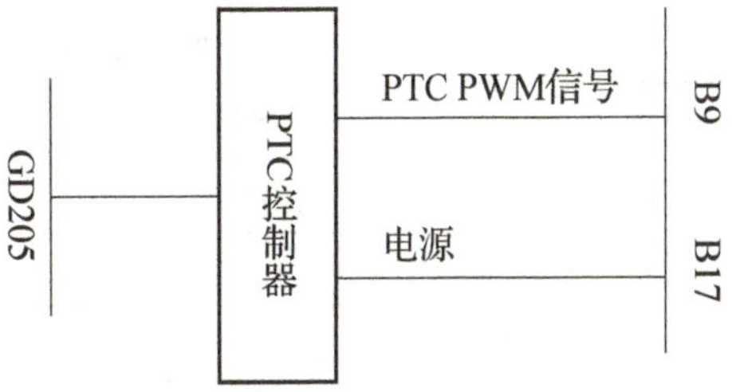
GD205
PTC控制器
PTC PWM信号
电源
B9
B17

图 4-5-11　低压插接件电路图

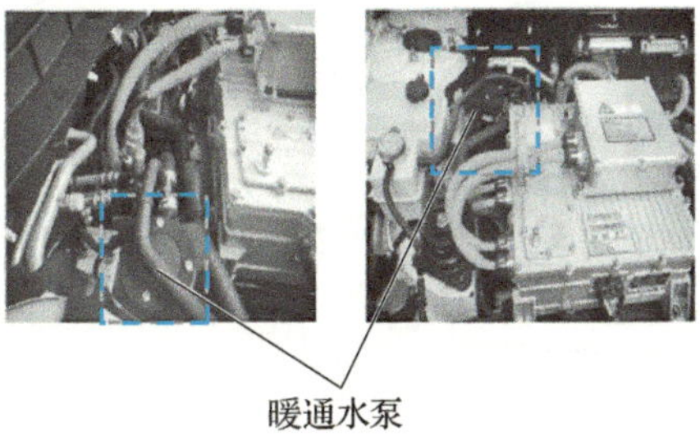
暖通水泵

图 4-5-12　暖通水泵安装示意图

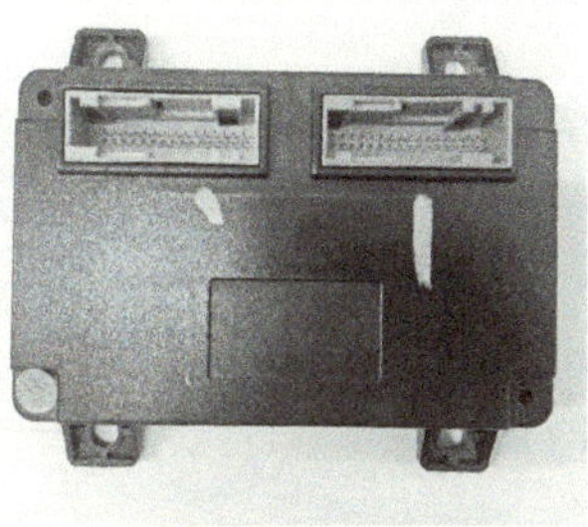

图 4-5-13　逸动 EV 热管理控制器

1）送风系统主要零部件。

①空调控制面板。空调控制面板上有空调压缩机 A/C 开关、风量调节旋钮、前后风窗玻璃除霜开关、内外循环按钮、温度调节旋钮等。逸动 EV 空调控制面板如图 4-5-14 所示。

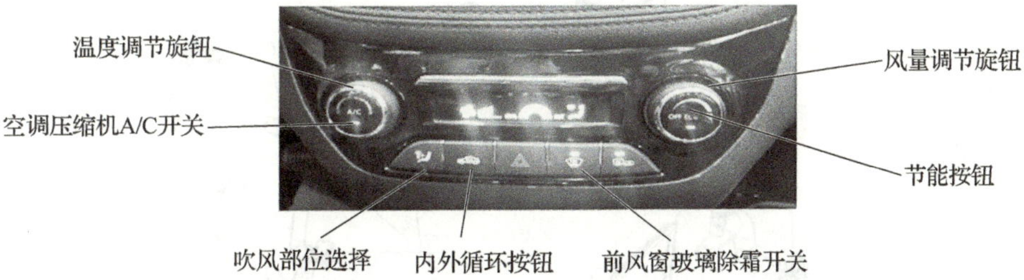
温度调节旋钮
空调压缩机A/C开关
风量调节旋钮
节能按钮
吹风部位选择
内外循环按钮
前风窗玻璃除霜开关

图 4-5-14　逸动 EV 空调控制面板

②出风口。逸动 EV 出风口的布局如图 4-5-15 所示。

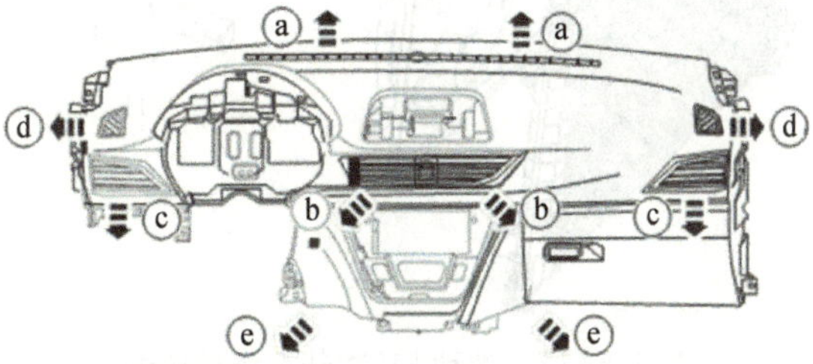
a
a
d
d
c
b
b
c
e
e

图 4-5-15　逸动 EV 出风口的布局

逸动 EV 出风口的布局名称见表 4-5-3。

表 4-5-3　逸动 EV 出风口布局名称

序号	名称	序号	名称
a	风窗玻璃除霜出风	d	侧除霜出风口
b	中央出风口	e	前排足部出风口
c	侧出风口		

2）通风示意图。逸动 EV 通风示意图如图 4-5-16 所示。

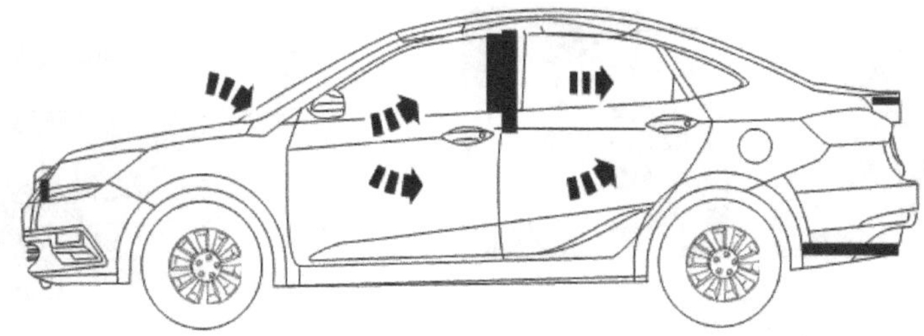

图 4-5-16　逸动 EV 通风示意图

（4）冷却系统

冷却系统功用是将受热零件吸收的部分热量及时散发出去。

1）冷却系统的结构。逸动 EV 冷却系统结构如图 4-5-17 所示。

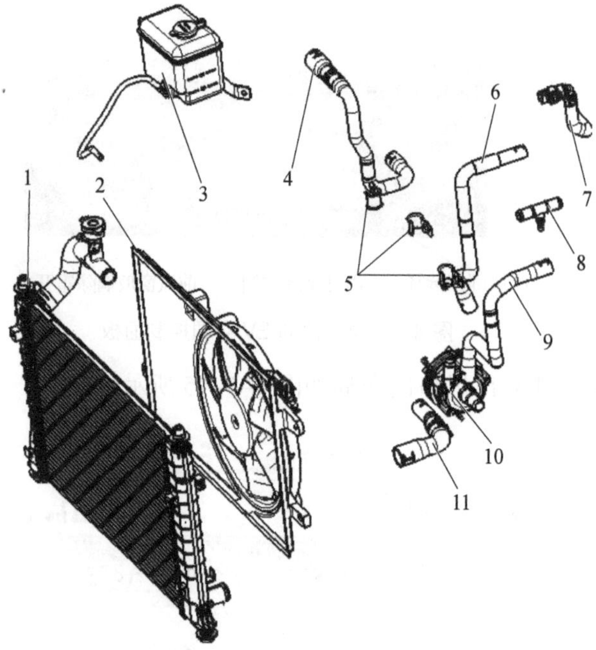
1
2
3
4
5
6
7
8
9
10
11

图 4-5-17　逸动 EV 冷却系统结构图

冷却系统各组成部分名称见表 4-5-4。

表 4-5-4　冷却系统各组成部分名称

序号	名称	序号	名称
1	散热器带附件总成	7	充电机出水管总成
2	冷却风扇总成	8	带传感器两通
3	储液罐带附件总成	9	水泵出水管
4	散热器进水管总成	10	冷却水泵总成
5	暖通回水管支架	11	散热器出水管总成
6	电机进水管总成		

2）核心零部件端子定义介绍。

①冷却水泵端子定义。冷却水泵端子定义如图 4-5-18 所示。

②冷却风扇端子定义介绍。冷却风扇端子通过电阻改变运转速度，其电阻及端子定义如图 4-5-19 和图 4-5-20 所示。

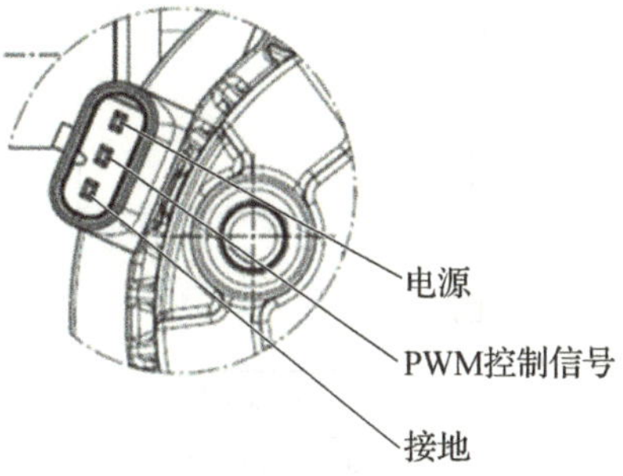
电源
PWM控制信号
接地

图 4-5-18　冷却水泵端子定义

图 4-5-19　冷却风扇电阻

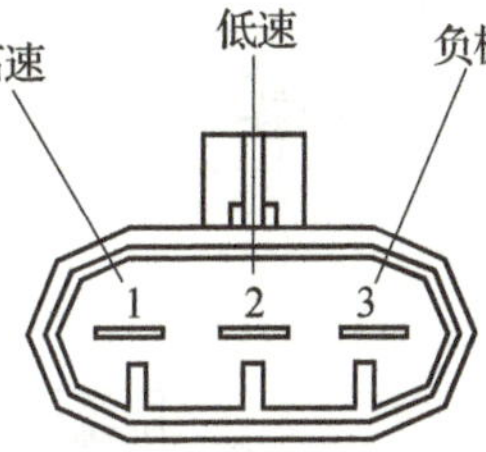
高速
低速
负极
1
2
3

图 4-5-20　冷却风扇端子定义

2. 空调及热管理整体系统介绍

冷却系统

空调及热管理整体系统包括以下回路：

1）电机热管理回路。

2）电池热管理回路。

3）空调热管理回路。

深蓝 SL03 纯电版和增程版热管理总架构如图 4-5-21 和图 4-5-22 所示。

四、任务小结

1. 制冷系统：包括制冷系统的结构、主要零部件介绍及系统的工作原理。
2. 制热系统：包括制热系统的结构、主要零部件介绍及系统的工作原理。
3. 送风系统：包括送风系统的结构、主要零部件介绍及系统通风示意图。
4. 冷却系统：包括冷却系统的作用，主要零部件介绍。

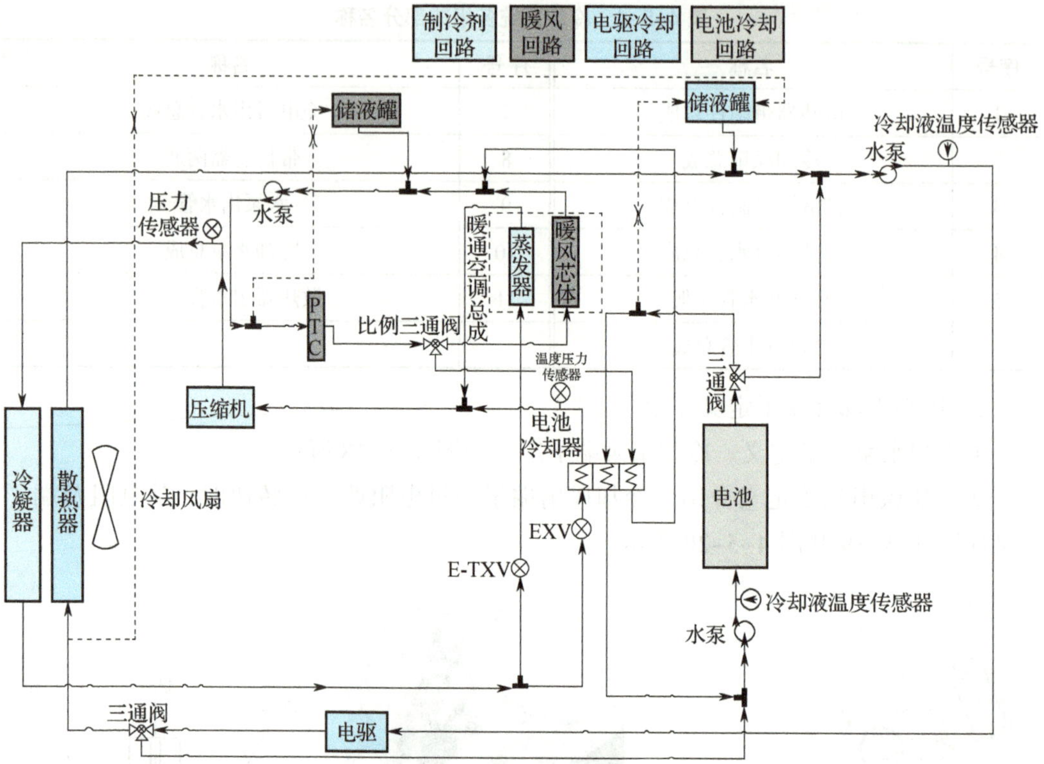
制冷剂回路
暖风回路
电驱冷却回路
电池冷却回路
储液罐
储液罐
冷却液温度传感器
水泵
压力传感器
水泵
暖通空调总成
蒸发器
暖风芯体
PTC
比例三通阀
温度压力传感器
压缩机
电池冷却器
三通阀
电池
冷凝器
散热器
冷却风扇
EXV
E-TXV
冷却液温度传感器
水泵
三通阀
电驱

图 4-5-21　深蓝 SL03 纯电版热管理总架构图

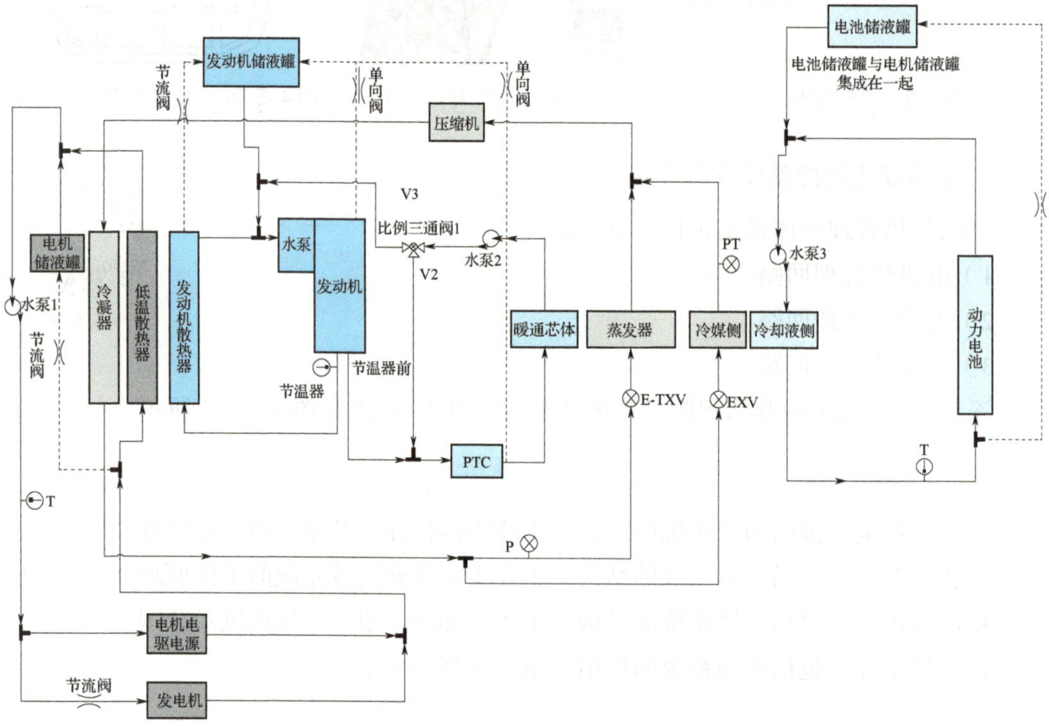
电池储液罐
电池储液罐与电机储液罐集成在一起
发动机储液罐
节流阀
单向阀
单向阀
压缩机
V3
比例三通阀1
水泵2
V2
水泵
发动机
电机储液罐
水泵1
冷凝器
低温散热器
发动机散热器
节流阀
节温器
节温器前
PTC
暖通芯体
蒸发器
冷媒侧
冷却液侧
PT
水泵3
动力电池
E-TXV
EXV
T
T
P
电机电驱电源
节流阀
发电机

图 4-5-22　深蓝 SL03 增程版热管理总架构图

任务工单

任务名称	掌握纯电动汽车的热管理系统				
姓　名		学　号		任务成绩	
实训设备工具	新能源专用工具车、新能源专用万用表、新能源专用解码仪、绝缘检测仪、放电计				
任务描述	纯电动汽车空调制热系统检测与维修				
任务目的	排除汽车空调不制热故障				

一、资讯

1. 汽车空调制冷系统由________、________、干燥罐、三态压力开关、________、蒸发器及管路等组成。

2. 利用万用表检测逸动 EV 压缩机控制器 CAN-L 的电压为________V，CAN-H 的电压为________V。

3. 利用万用表检测 EV460 鼓风机电机电源________V，鼓风机电机信号线________V。

4. 压缩机 ACCM________（颜色）线是电源线，________（颜色）线是互锁线，________（颜色）线是地线，________（颜色）线是信号线。

5. 系统主要部件认识并能指出在车上的位置。

部件	认识√	部件	认识√	部件	认识√
压缩机总成		膨胀阀		暖风水泵	
压缩机出、入管		压力开关		暖风水泵出、入管	
蒸发器总成		传感器		暖通空调总成	
蒸发器出、入管		冷凝器总成		储液罐	

二、计划与决策

根据任务要求，确定所需要的设备、工具，并对小组成员进行合理分工，制订详细的计划。

1. 需要设备工具

2. 小组成员分工

3. 制订计划与决策

三、实施

1. 对仪器进行检查

仪器名称	检查方法	是否正常
防护用具		是□　否□
拆装工具		是□　否□
检测工具		是□　否□

2. 实施步骤

序号	实施步骤	是否完成
一	检查与维护前的准备工作	
1	安装防护套装。	是☐ 否☐
2	穿戴防护用具。	是☐ 否☐
二	检查线路线束及现象	
1	检查电路线束及插接件连接处是否有松动、破损。	是☐ 否☐
2	暖风开关打开，出风口是否有风。	是☐ 否☐
三	故障诊断	
1	连接 KT700 诊断仪。	是☐ 否☐
2	用诊断仪进行诊断。	
四	故障排除	
1	拆下低压蓄电池负极，用胶带包好。	是☐ 否☐
2	佩戴绝缘手套，拔下动力电池高压安全开关。	是☐ 否☐
3	用高压万用表检测鼓风机是否正常工作。	是☐ 否☐
4	用高压万用表检查 PTC：信号线电压为________V，互锁信号线________正常，地线电压为________V。	是☐ 否☐
五	6S 管理	
	整理 整顿 清扫 清洁 素养 安全	是☐ 否☐ 是☐ 否☐ 是☐ 否☐ 是☐ 否☐ 是☐ 否☐ 是☐ 否☐

3. 总结实施过程中的注意事项

四、检查

五、评估

1. 自己任务完成的情况，对自己的工作进行自我评估，并提出改进意见。

1）

2）

2. 工单成绩

自我评价	组长评价	教师评价	总分

任务 6　熟知纯电动汽车的其他辅助电器系统

素养目标

低压系统会影响整车正常工作，因此要提醒同学们注意细节，不能“千里之堤溃于蚁穴”。

一、任务导入

某 4S 店维修人员，需要对某纯电动汽车进行维修，发现整车无法起动，经诊断发现纯电动汽车蓄电池馈电，纯电动汽车低压系统无法工作。

二、学习目标

知识目标：

- 了解纯电动汽车其他辅助电器系统。
- 熟悉纯电动汽车其他辅助电器供电系统结构及工作原理。

职业素养目标：

- 严格执行新能源汽车检修规范，养成严谨科学的工作态度。
- 养成脚踏实地分析问题的能力。
- 养成看维修手册的习惯。
- 严格执行 6S 管理。

三、理论知识

纯电动汽车其他辅助电器系统进行维修时，需要具备专业的安全防护及工具使用知识，对纯电动汽车其他辅助电器系统维修时，应理解纯电动汽车其他辅助电器系统结构及原理。本节主要讲解低压供电系统，具体知识如下：

1）纯电动汽车高压专用防护套装及工具使用。

2）纯电动汽车其他辅助电器系统认识。

3）纯电动汽车其他辅助电器系统供电系统结构及工作原理。

1. 纯电动汽车其他辅助电器系统结构认识

纯电动汽车其他辅助电器系统主要由动力电池和蓄电池进行供电，蓄电池对整车进行供电和传统汽车相同，动力电池对整车进行低压供电需要将动力电池高压电转变成低压电再对整车低压辅助电器系统进行供电，主要包括网关、照明信号、后视镜和空调等全车低压电器。如图 4-6-1 为纯电动汽车辅助电器系统部分电路图。

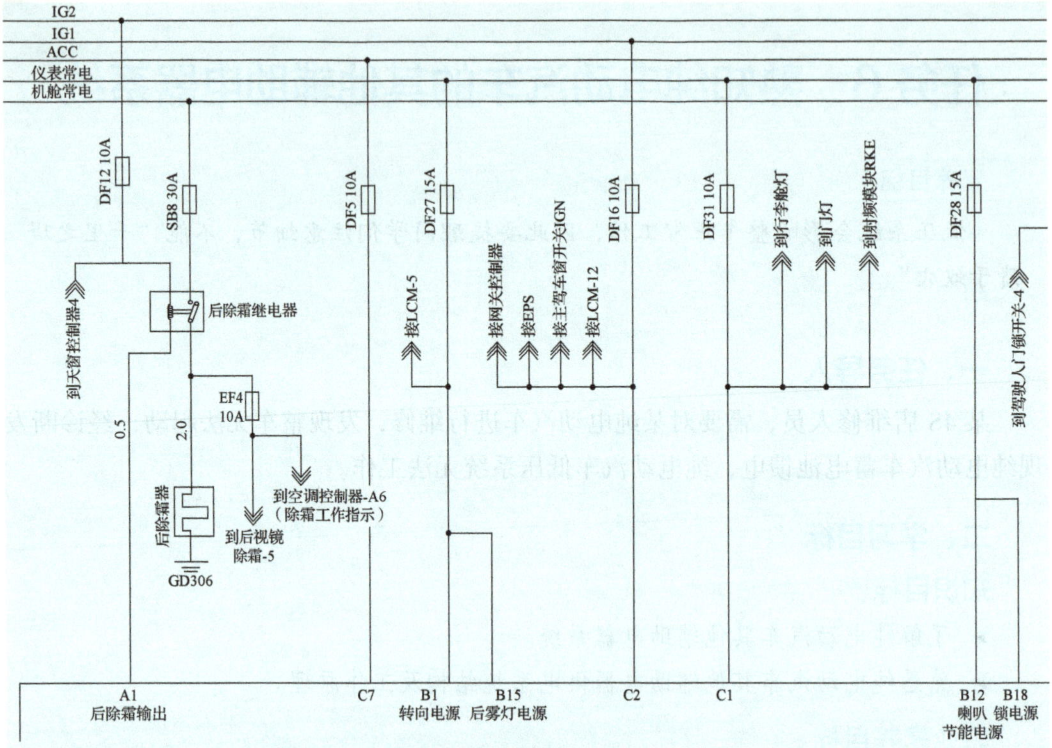

IG2
IG1
ACC
仪表常电
机舱常电
DF12 10A
SB8 30A
DF5 10A
DF27 15A
DF16 10A
DF31 10A
DF28 15A
到天窗控制器4
后除霜继电器
EF4
10A
0.5
2.0
后除霜器
GD306
到后视镜
除霜-5
到空调控制器-A6
（除霜工作指示）
接LCM-5
接网关控制器
接EPS
接主驾车窗开关IGN
接LCM-12
到行李舱灯
到门灯
到射频模块RKE
到驾驶人门锁开关-4
A1
后除霜输出
C7
B1
转向电源
B15
后雾灯电源
C2
C1
B12
喇叭
节能电源
B18
锁电源

图 4-6-1　纯电动汽车辅助电器系统部分电路图

2. 纯电动汽车其他辅助电器供电系统结构及工作原理

纯电动汽车供电系统主要由纯电动汽车动力电池、高压分线盒、高压及低压线束、蓄电池、直流变换器（DC-DC）、整车控制器及纯电动汽车低压用电设备组成，高压分线盒、高压及低压线束、蓄电池等几个零部件已经讲述清楚，这里主要讲解直流变换器（DC-DC）和整车控制器（VCU）两个系统。纯电动汽车低压电供电系统如图 4-6-2 所示。

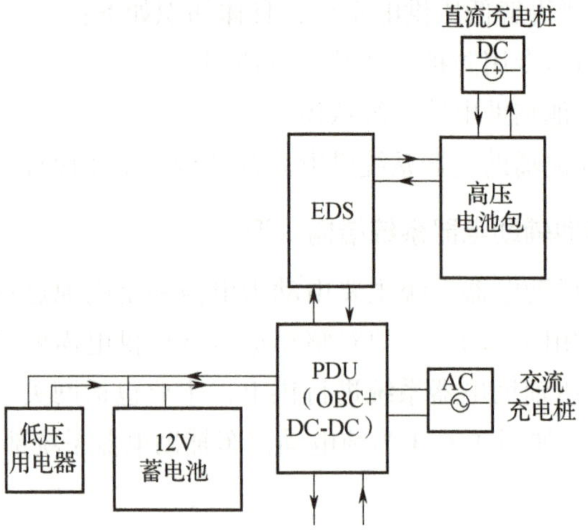

直流充电桩
DC
EDS
高压
电池包
PDU
（OBC+
DC-DC）
AC
交流
充电桩
低压
用电器
12V
蓄电池

图 4-6-2　纯电动汽车低压电供电系统结构

1）直流变换器（DC–DC）。直流变换器总成，简称直流变换器，作用是将动力电池的高压直流电转换为低压直流电，为铅酸蓄电池及整车低压电器辅助系统提供电源。如图 4–6–3 为纯电动汽车直流变换器结构及工作原理。

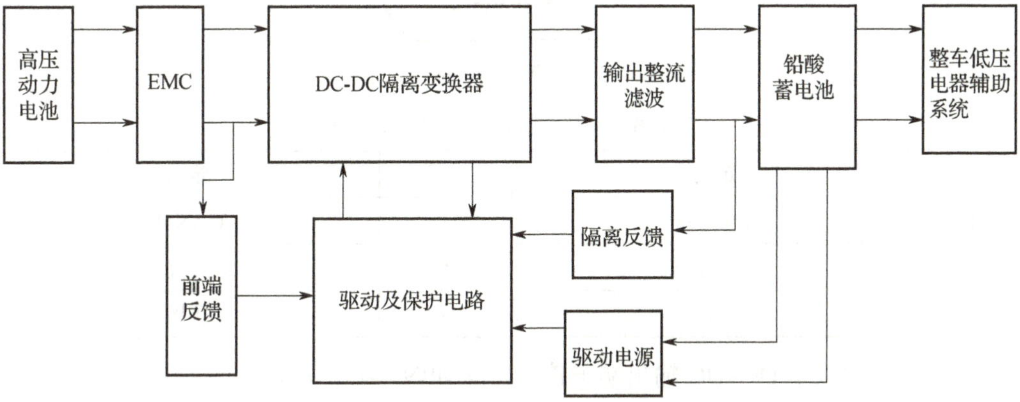

高压动力电池
EMC
DC-DC隔离变换器
输出整流滤波
铅酸蓄电池
整车低压电器辅助系统
前端反馈
驱动及保护电路
隔离反馈
驱动电源

图 4–6–3　纯电动汽车直流变换器结构及工作原理

以下为某款典型纯电动汽车 DC–DC 接口示意图，如图 4–6–4 所示。

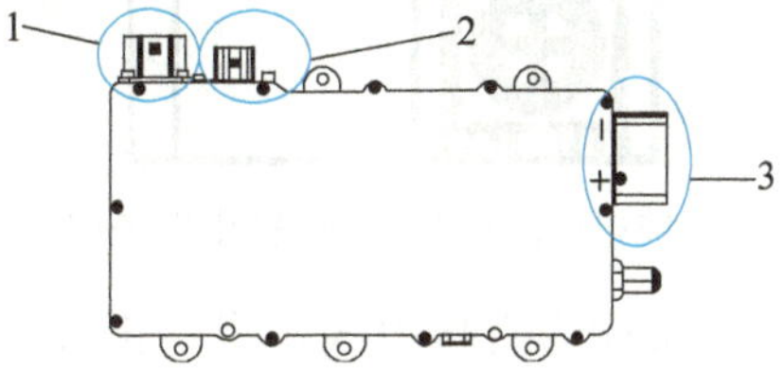

1
2
3
-
+

图 4–6–4　直流变换器外部接口

1—高压输入插接件　2—低压插接件　3—输出端子

一般纯电动汽车 DC–DC 高压输入插接件接口定义如图 4–6–5、表 4–6–1 所示。

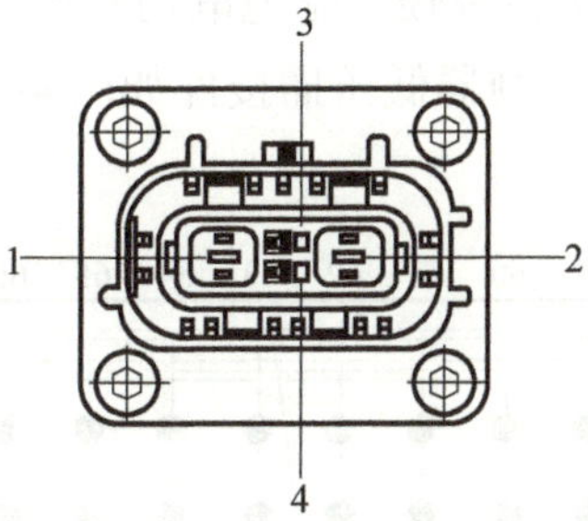

3
1
2
4

图 4–6–5　高压输入插接件示意图

表 4–6–1　高压输入插接件接口定义描述

端子	定义	端子	定义
1	正极 /+	3	高压互锁
2	负极 /–	4	高压互锁

一般纯电动汽车 DC–DC 低压插接件接口定义如图 4–6–6、表 4–6–2 所示。

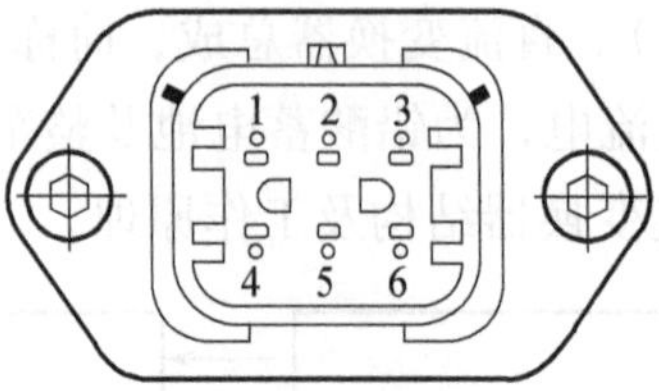
1 2 3
4 5 6

图 4-6-6 低压插接件示意图

表 4-6-2 低压插接件接口定义描述

端子	定义	端子	定义
1	CAN-H	4	CAN-L
2	高压互锁	5	高压互锁
3	预留	6	预留

一般纯电动汽车 DC-DC 输出端子接口定义如图 4-6-7 所示。

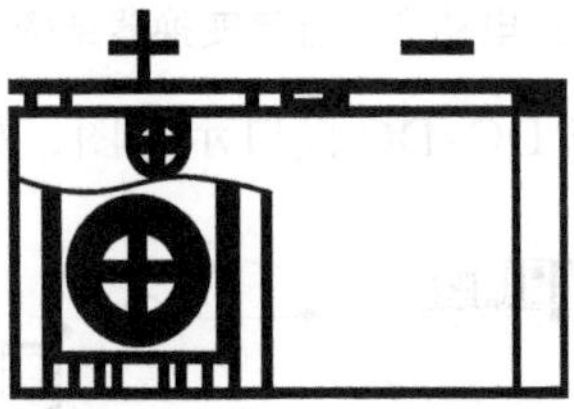
+
-

图 4-6-7 纯电动汽车 DC-DC 输出端子接口示意图

低压输出端描述：低压输出端为直接引线输出，正极连接到熔断器线束总成熔丝盒内，连接熔丝，输出负极直接连接在车身上。

2）整车控制器（VCU）。整车控制器的作用是根据自己的功能模块将输入信号处理后输出给其他子系统，从而控制整车的运行。整车控制器主要是对全车低压电器设备低压供电和对全车信号进行处理反馈，是纯电动汽车大脑，协调整车进行工作。

某款典型纯电动汽车整车控制器低压插接件如图 4-6-8 所示，整车控制器低压插接件定义见表 4-6-3。

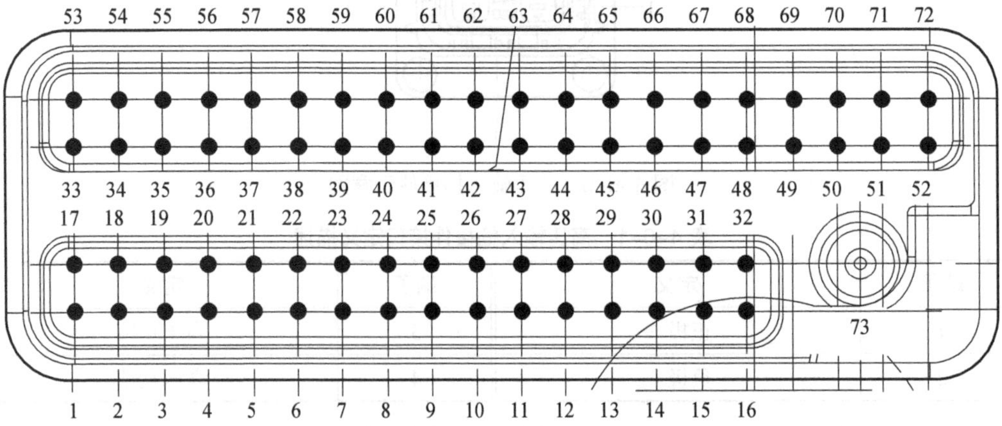
53 54 55 56 57 58 59 60 61 62 63 64 65 66 67 68 69 70 71 72
33 34 35 36 37 38 39 40 41 42 43 44 45 46 47 48 49 50 51 52
17 18 19 20 21 22 23 24 25 26 27 28 29 30 31 32
73
1 2 3 4 5 6 7 8 9 10 11 12 13 14 15 16

图 4-6-8 整车控制器低压插接件示意图

表 4-6-3 整车控制器低压插接件各端子定义

功能缩写	额定电流	I_{max}	输入 / 输出	功能说明
Chrglock_control_signal1	0.7A	1A	数字输出	充电锁止控制信号 1
Reverse_lamp_enable	9A	9A	数字输出 / PWM 输出	倒车灯使能信号
RMU_wakeup	0.7A	1A	数字输出	RMU 使能信号
VCU_pwr_hold_control	0.95A	1.3A	数字输出	电源保持继电器控制
Charge_Status_signal	0.95A	1.3A	数字输出	充电状态指示灯
Vacuum_pump_enable	9A	9A	数字输出 / PWM 输出	真空泵使能信号
GND2			地	传感器电源地
Under_Control_Pwr_Supply			电源输入	受控电源供电
5V_acc_pedal2	50mA ± 0.5%		电源输出	5V 传感器供电电源 2
HVAC_wakeup	0.7A	1A	数字输出	HVAC 使能信号
Charge_Connect_signal	0.7A	1A	数字输出	充电连接指示灯控制
Low_speed_warning_enable	0.7A	1A	数字输出	低速报警使能信号
Chrglock_control_signal2	0.7A	1A	数字输出	充电锁止控制信号 2
BMS_wakeup	0.7A	1A	数字输出	BMS 使能信号
BookingChrglamp	0.95A	1.3A	数字输出	预约充电指示灯使能信号
IPU_Pwr_Control	0.95A	1.3A	数字输出	IPU 使能信号
GND			地	传感器电源地
GND1			地	传感器电源地
5V_acc_pedal1/5V_sensor	100mA ± 0.5%		电源输出	5V 传感器供电电源 1
GND			地	12V 电源地
GND			地	12V 电源地
VCU_Pwr			电源输入	常电电源供电
Vacuum_brake_pressure			模拟输入	真空压力信号
Acc_pedal_position_1			模拟输入	加速踏板 1 信号
P_CANH			CAN	动力 CAN-H
PT_CANH			CAN	底盘 CAN-H
C_CANH			CAN	标定 CAN-H
BookingChrgSwt			数字输入	预约充电开关输入信号
N			数字输入	N 位信号
Brake_Signal1			数字输入	制动开关 12V 电源信号 1
VacPmpFuse_Diag			数字输入	真空泵 12V 电源信号

（续）

功能缩写	额定电流	I_{max}	输入 / 输出	功能说明
Brake_Signal2			数字输入	制动开关 12V 电源信号 2
Key_on			数字输入	钥匙 ON 档唤醒信号
A+			数字输入	直流充电桩唤醒信号
Hand_Brake_signal			数字输入	驻车制动信号，低电平有效，接地
Low_speed_warning_signal			数字输入	低速报警开关输入
Crash_signal			PWM 输入	SRS 发送碰撞信号（低电平有效）
Charge_wakeup			PWM 输入	充电机唤醒信号
HVIL_OUT			PWM	高压互锁输出
Acc_pedal_position_2			模拟输入	加速踏板信号 2
DC_Vehicle_inlet_temperature_sensor			模拟输入	直流充电口温度采集信号
P_CANL			CAN	动力 CAN-L
PT_CANL			CAN	底盘 CAN-L
C_CANL			CAN	标定 CAN-L
Chrglock_position			数字输入	电子锁发送的锁止信号
D			数字输入	D 位信号
Starter_signal			数字输入	Start 档信号
R			数字输入	R 位信号
E/S			数字输入	E/S 位信号
HVIL_IN			PWM	高压互锁输入
GND			地	12V 电源地

四、任务小结

1. 高压电的安全防护，包括个人防护和工具防护能够正确使用。

2. 纯电动汽车其他辅助电器系统认识。

3. 纯电动汽车其他辅助电器系统供电系统结构及工作原理，主要讲解供电系统结构及工作原理，以及主要零部件直流变换器和整车控制器的结构及工作原理。

任务工单

任务名称	熟知纯电动汽车的其他辅助电器系统				
姓　　名		学　　号		任务成绩	
实训设备工具	纯电动汽车辅助电器系统实训平台、供电系统实训平台、防护工具				
任务描述	纯电动汽车辅助电器系统故障检测				

一、资讯

1. 结合实际车辆认识新能源零部件。

部件	认识√	部件	认识√	部件	认识√
整车控制器		照明系统		直流变换器 /DC-DC	

2. 结合实车认识并绘制纯电动汽车供电系统结构图。

3. 结合实车认识整车控制器，并结合电路图绘制供电系统大致电路图。

二、计划与决策

根据任务要求，确定所需要的设备、工具，并对小组成员进行合理分工，制订详细的计划。

1. 需要设备工具

2. 小组成员分工

3. 制订计划与决策

三、实施

1．实施步骤

2．总结实施过程中的注意事项

四、检查

五、评估

1. 自己任务完成的情况，对自己的工作进行自我评估，并提出改进意见。

1）

2）

2. 工单成绩

自我评价	组长评价	教师评价	总分

New Energy Vehicle

05 项目 5 插电式混合动力电动汽车的结构原理及检修认知

任务 1 了解插电式混合动力电动汽车的基本概念与分类

素养目标

通过分析插电式混合动力电动汽车车型，教师可引导学生用辩证的思维看待问题，既要看到插电式混合动力电动汽车的优点，也要看到该车型目前存在的问题及不足。激发学生努力学习专业知识，为中国创造贡献力量。

一、任务导入

插电式混合动力电动汽车由于兼具内燃机车辆和纯电动汽车两者的优点，既可实现纯电动零排放行驶，也能通过混动模式增加车辆的续驶里程。那么插电式混合动力电动汽车的动力连接模式有几种？原理是什么？各有什么特点？若一辆行驶约 8.8 万 km 的长安深蓝 PHEV 出现发动机无法起动现象。你该如何排除该故障？

二、学习目标

知识目标：

- 了解插电式混合动力电动汽车的发展趋势。
- 了解插电式混合动力电动汽车的概念及其分类。
- 掌握插电式混合动力电动汽车的结构。

职业素养目标：

- 严格执行新能源汽车检修规范，养成严谨科学的工作态度。
- 养成团队协作精神。
- 严格执行 6S 管理。

三、理论知识

1. 插电式混合动力电动汽车发展现状

当前普遍使用的燃油发动机汽车存在种种弊病，统计表明在占 80% 以上的道路条件下，一辆普通轿车仅利用了动力潜能的 40%，在市区还会跌至 25%，更为严重的是排放废气污染环境。20 世纪 90 年代以来，世界各国对改善环保的呼声日益高涨，各种各样的电动汽车脱颖而出。虽然人们普遍认为未来是电动汽车的天下，但是电池技术问题阻碍了电动汽车的应用。电池的能量密度与汽油相差甚远，远未达到人们所要求的数值。

现实迫使工程师们想出了一个两全其美的办法，开发了一种插电式混合动力电动汽车（Plug-in Hybrid-Electric Vehicle，PHEV）。PHEV 车型简单理解就是在燃油汽车的基础上增加了一套电驱系统，车辆既可以用发动机进行驱动，也可以单独由电机进行驱动，系统会根据不同工况切换相应的工作模式，以此来确保车辆拥有最出色的动力、油耗和续驶表现。形象一点说，就是将传统发动机尽量做小，让一部分动力由电池 - 电机系统承担。这种混合动力装置既发挥了发动机持续工作时间长。

我国政府亦不遗余力鼓励汽车产业重组与变革。十四五开局之年，顶层设计将更加突出“重战略、强质量、扩需求”。以汽车强国为基准，孕育一系列汽车新三化政策需求，着力实现阶段性突破和全球性引领。由工信部发布的《节能与新能源汽车产业发展规划（2021—2035）》也已明确鼓励多种技术路线车型的发展。

目前，国内的各大自主汽车品牌公司和汽车院校也都在开展混合动力电动汽车的研究，部分车型已经投放市场，如比亚迪汽车唐和宋，理想 L7、L8、L9，一汽奔腾 B70，荣威 550Plug-in 以及长安逸动 PHEV、长安 CS75PHEV、深蓝 SL03 等都已上市。

2. 插电式混合动力电动汽车的基本定义

《电动汽车术语》（GB/T 19596—2017）对于插电式混合动力电动汽车是这样定义的，至少能从下述两类车载储存的能量中获得动力的汽车：

1）可消耗的燃料。

2）可再充电能 / 能量储存装置。

PHEV 的特点是燃油（气）发动机动力与电机动力两种动力的组合。通常把燃油（气）发动机与电机两种动力组合而成的混合动力电动汽车简称为油（气）- 电混合动力电动汽车，把汽（柴）油发动机与电机两种动力组合而成的混合动力电动汽车简称为汽（柴）油 - 电力混合动力电动汽车等。

PHEV 的突出优点是：

1）发动机可工作在经济工况区，排放低、燃油消耗少。

2）可利用外部公用电网对车载动力电池进行均衡充电，减少对石油的依赖，同时又能改善电厂发电机组效率、削峰填谷，缓解供电压力。

3）将纯电动驱动系统和混合动力驱动系统相结合，减少有害气体、温室气体的排放，大大降低整车的燃油消耗，提高燃油经济性。

4）无须配备大容量的动力电池，可以大幅降低制造成本，有效延长了电池寿命；降低了成本。

增程式混合动力汽车的概念：是以电能为主要驱动能源、发动机为辅助动力源的一种兼有外接电源充电和车载自供电功能的电动汽车。

1）可以缩小动力电池的容量，降低成本，且增大了续驶里程。

2）可外接充电，能源利用率高，结构简单，采取电池扩容的方式增加续驶里程。

3）电能充足的条件下行驶时，发动机不参与工作，采用电机直驱，结构简单。

3. 插电式混合动力电动汽车类型

《混合动力电动汽车类型》（QC/T 837—2010）对于混合动力电动汽车的类型进行了严格划分。

混合动力电动汽车类型

（1）按照动力系统划分

1）串联式混合动力电动汽车（Series Hybrid Electric Vehicle）。车辆行驶系统的驱动力只来源于电机。

串联式混合动力电动汽车的结构特点是发动机带动发电机发电，电能通过电机控制器输送给电机，由电机驱动车辆行驶。另外，动力电池可以单独向电机提供电能驱动车辆行驶。

2）并联式混合动力电动汽车（Parallel Hybrid Electric Vehicle）。车辆行驶系统的驱动力由电机及发动机同时或单独供给。

并联式混合动力电动汽车的结构特点是并联式驱动系统可以单独使用发动机或电机作为动力源，也可以同时使用电机和发动机作为动力源驱动车辆行驶。

3）混联式混合动力电动汽车（Combined Hybrid Electric Vehicle）。具备串联式和并联式两种混合动力系统。

混联式混合动力电动汽车的结构特点是可以在串联混合模式下工作，也可以在并联混合模式下工作，同时兼顾了串联式和并联式混合动力电动汽车的特点。

（2）按照混合度划分

按照混合度划分为弱混合动力汽车、轻度混合动力汽车、中度混合动力汽车、重度混合动力汽车和插电式混合动力（包含增程式）汽车。其各自的功能如表 5-1-1 所示。

表 5-1-1　不同混合度类型及功能列表

类型	功能要求
弱混合动力	发动机自动起停
轻度混合动力	发动机自动起停＋回馈制动
中度混合动力	发动机自动起停＋回馈制动＋电动辅助
重度混合动力	发动机自动起停＋回馈制动＋电动辅助＋纯电驱动
插电式混合动力（包含增程式）	发动机自动起停＋回馈制动＋电动辅助＋纯电驱动＋电网充电

（3）按照行驶模式的选择方式划分

1）有手动选择功能的混合动力电动汽车（Hybrid Electric Vehicle with Selective Switch）具备行驶模式手动选择功能。车辆可选择的行驶模式包括发动机模式、纯电动模式和混合动力模式三种。

2）无手动选择功能的混合动力电动汽车（Hybrid Electric Vehicle without Selective Switch）不具备行驶模式手动选择功能。车辆的行驶模式根据不同工况自动切换。

4. 插电式混合动力汽车的结构

插电式混合动力汽车结构图如图 5-1-1 所示。

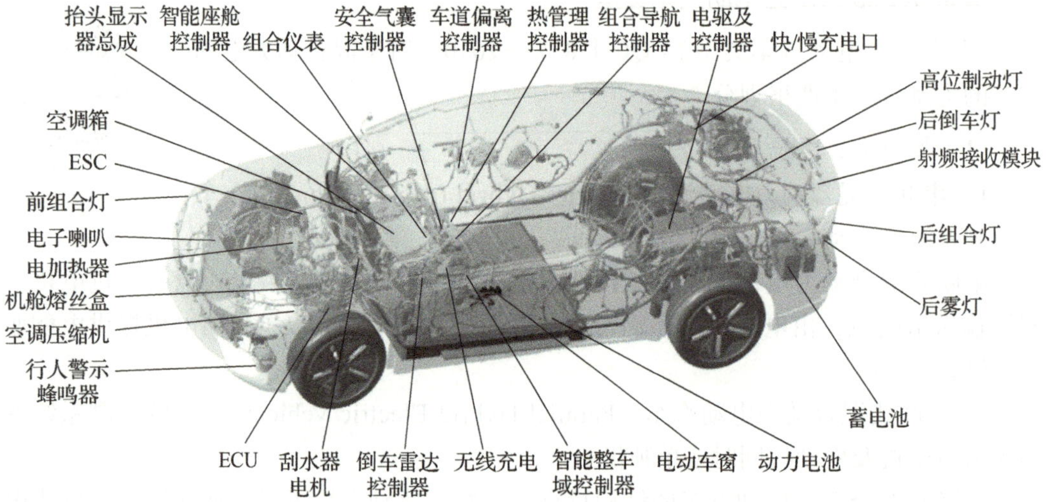
抬头显示器总成
智能座舱控制器
组合仪表
安全气囊控制器
车道偏离控制器
热管理控制器
组合导航控制器
电驱及控制器
快/慢充电口
高位制动灯
后倒车灯
射频接收模块
后组合灯
后雾灯
蓄电池
空调箱
ESC
前组合灯
电子喇叭
电加热器
机舱熔丝盒
空调压缩机
行人警示蜂鸣器
ECU
刮水器电机
倒车雷达控制器
无线充电
智能整车域控制器
电动车窗
动力电池

图 5-1-1 插电式混合动力汽车结构图

四、任务小结

1. 国内外混合动力电动汽车发展趋势。
2. 混合动力电动汽车的概念和分类。
3. 插电式混合动力汽车的结构。

任务 2　掌握插电式混合动力电动汽车的基本结构与原理

素养目标

在较为频繁的起动与制动交替的城市工况运行条件下，制动能量回收对提高插电式混合动力电动汽车的能量利用率有非常重要的意义。教师可引导学生树立节能意识、环保意识，积极担当社会责任，树立大局意识。

一、任务导入

混合动力电动汽车的动力传递形式有串联、并联和混联三种，具体的结构和工作原理是什么呢？分别有什么特点？若混联式插电式混合动力电动汽车出现无法起动故障，该如何排除故障呢？

二、学习目标

知识目标：

- 掌握串联式混合动力电动汽车的结构、原理和特点。
- 掌握并联式混合动力电动汽车的结构、原理和特点。
- 掌握混联式混合动力电动汽车的结构、原理和特点。

职业素养目标：

- 养成严谨科学的工作态度。
- 养成终生学习的习惯，成为成长型学习者。
- 学以致用，提升实践能力。
- 严格执行 6S 管理。

三、理论知识

串联式混合动力电动汽车

1. 串联式结构

（1）基本结构

串联式混合动力系统的结构及驱动方式如图 5-2-1 所示。串联式混合动力系统利用发动机动力发电，从而带动电机驱动车轮。其基本结构是由电机、发动机、发电机、动力电池和变压器等组成。

（2）串联式混合动力电动汽车工作模式

1）纯电动模式。发动机关闭，车辆仅由动力电池组供电、驱动。

2）纯发动机模式。车辆牵引功率仅来源于发动机 / 发电机组，而动力电池组既不

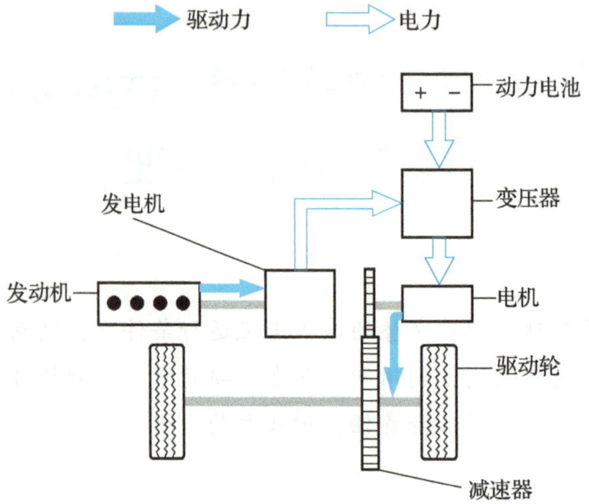
驱动力
电力
动力电池
变压器
发电机
发动机
电机
驱动轮
减速器

图 5-2-1　串联式混合动力系统的结构及驱动方式

供电也不从驱动系统吸收任何功率，电设备组用作从发动机到驱动轮的电传动系。

3）混合模式。牵引功率由发动机 – 发电机组和动力电池组共同提供。

4）发动机牵引和动力电池充电模式。发动机 – 发电机组向动力电池组充电和供给驱动车辆所需的功率。

5）再生制动模式。发动机 – 发电机组关闭，驱动电机产生的电功率用于向动力电池组充电。

6）动力电池组充电模式。驱动电机不接收功率，发动机 – 发电机组向动力电池组充电。

7）混合式动力电池充电模式。发动机 – 发电机组和运行在发电机状态下的驱动电机共同向动力电池组充电。

（3）串联式混合动力系统的基本控制模式

1）主要利用动力电池来驱动车辆，仅当动力电池 SOC 降低到最小限值时，发动机才起动，发动机在最高效率区以输出恒定功率的方式工作，当 SOC 回升到最大限值时发动机关机。

2）“负荷跟随”控制模式。保持动力电池 SOC 在规定的范围之内，发动机带动发电机工作并尽可能接近车辆行驶所需的电量，动力电池只起负荷调节装置的作用。

3）上述两种控制模式的一个折中方案。在动力电池的 SOC 较高时，主要用纯电动模式；而动力电池的 SOC 降低到设定的范围内时，发动机带动发电机工作，考虑到发动机的排放和效率，将其输出功率严格限定在一定的变化范围内。

（4）串联式混合动力系统的特点

1）串联式混合动力系统的优点。

①排放污染小。串联式混合动力电动汽车以动力电池组内的电能为基本能源来驱动。串联式混合动力电动汽车采用纯电动驱动时关闭发动机，只用动力电池组电力驱

动汽车，实现“零排放”行驶。发动机－发电机组所发出的电能向动力电池充电，发动机独立工作在高效率区域用于补充动力电池组的电能或直接供给驱动电机，增加续驶里程，减少有害气体的排放。

②驱动形式多样。串联式混合动力电动汽车可采用电机驱动系统或轮毂电机驱动系统。根据布置的不同，还可以分为前轮驱动、后轮驱动或四轮驱动更多种形式。

③布置方便。串联式混合动力电动汽车只有驱动电机的电力驱动系统，其特点更加趋近于纯电动汽车。由于驱动电机与发电单元没有机械连接，因而布置起来更容易。

2）串联式混合动力系统的缺点。

①对驱动电机、发电单元和动力电池的要求高。在串联式混合动力电动汽车上，驱动电机的功率需要满足汽车在行驶中的最大功率需求，因此驱动电机的功率要求较大，使得驱动电机的体积和质量都较大。由于需求功率的要求，动力电池组的容量要大。需要装置一个较大功率发动机－发电机组，外形尺寸和质量较大，在中小型串联式混合动力电动汽车中布置有一定的困难，所以串联式混合动力电动汽车驱动系统较适合在大型客车上采用。

②能量转换效率降低。串联式混合动力驱动系统能量通过热能－电能－机械能转换，能量损失较大。

③对动力电池工作性能要求更高。为了保护电池获得更好的性能和寿命，要根据动力电池荷电状态的变化，自动起动或关闭发动机－发电机，以避免动力电池过度放电，发动机－发电机与动力电池之间的搭配要严格。

2. 并联式结构

（1）基本结构

并联式混合动力系统使用电机和发动机两种不同的装置来驱动车轮，动力的流向为并联，所以称为“并联式混合动力系统”。可以采用发动机单独驱动、电机单独驱动或发动机和电机混合驱动三种工作模式，典型的并联式混合动力系统的结构及驱动方式如图 5-2-2 所示。

并联式混合动力电动汽车

（2）并联式混合动力系统典型工作模式的功率流

1）车辆起动、低速及轻载行驶时，发动机关闭，车辆由电机驱动，为纯电动工况，如图 5-2-3 所示。传统汽车辆起步时发动机效率低，排放差。并联结构由于增加了一套电驱动系统，在电池电量充足的情况下使用纯电机起动和车辆起步驱动。

2）车辆正常行驶、加速及爬坡时，发动机和电机同时工作驱动车辆行驶，如图 5-2-4 所示。加速或爬坡工况下车辆需要更大的驱动力，这时两个动力轮输出同时给力，满足动力要求。此时电机的能量来自动力电池组。

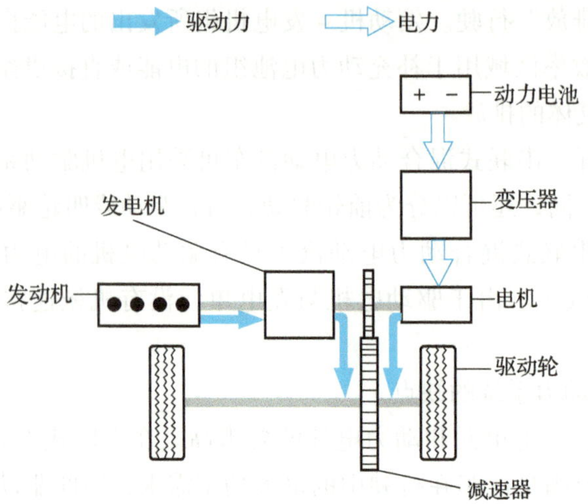
驱动力
电力
+ −
动力电池
变压器
发电机
发动机
电机
驱动轮
减速器

图 5-2-2　并联式混合动力系统的结构及驱动方式

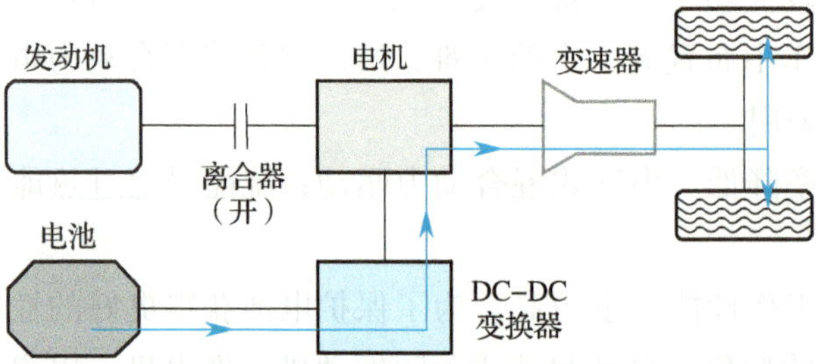
发动机
电机
变速器
离合器
（开）
电池
DC-DC
变换器

图 5-2-3　纯电动工作模式图

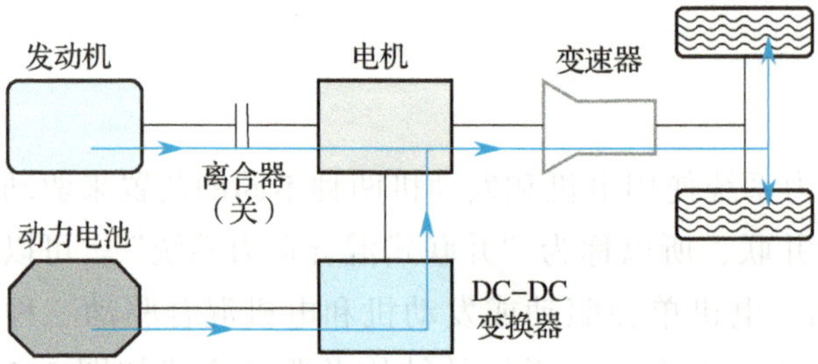
发动机
电机
变速器
离合器
（关）
动力电池
DC-DC
变换器

图 5-2-4　混合动力模式图

3）在车辆行驶过程中，当车载电池组电量过低时，发动机在驱动车辆行驶的同时向动力电池补充充电，如图 5-2-5 所示。当发动机输出功率大于车辆负荷，动力电池

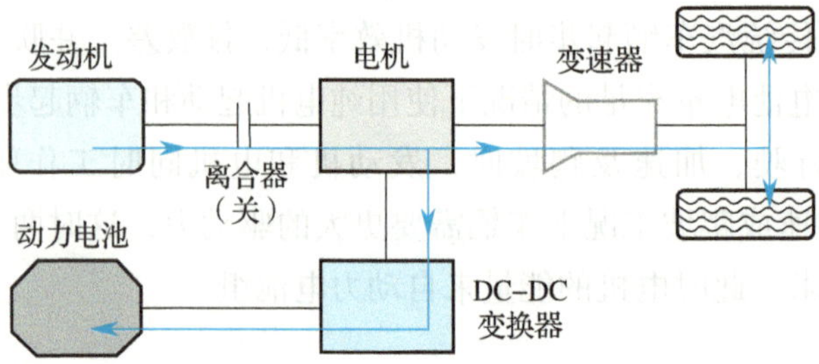
发动机
电机
变速器
离合器
（关）
动力电池
DC-DC
变换器

图 5-2-5　向动力电池充电

组荷电状态未达到最高限值时，发动机多余能量用来带动发电机给动力电池组充电。

4）车辆减速及制动时，电机以发电机模式工作，回收车辆制动能量向动力电池充电，如图 5-2-6 所示。车辆减速制动时电机作为发电机使用，提供供电制动力矩，同时回收电能给动力电池组充电。

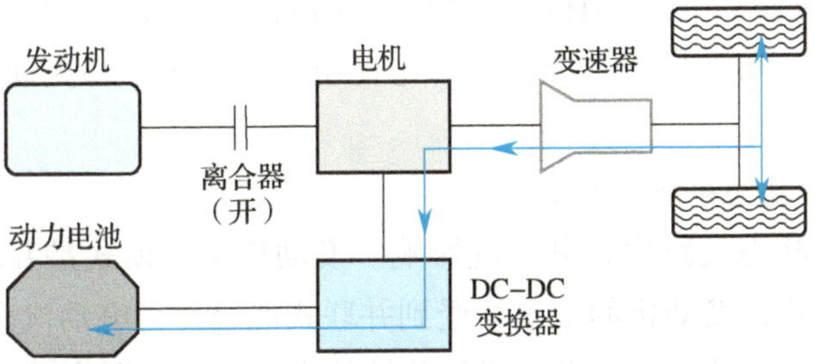
发动机
电机
变速器
离合器
（开）
动力电池
DC-DC
变换器
图 5-2-6　制动能量回收

（3）并联式混合动力系统的基本控制模式

1）发动机辅助混合动力模式。这种模式主要利用电池 - 电机系统来驱动车辆，仅当较高的巡航速度行驶、爬坡和急加速时才使发动机起动。这种控制模式的优点是大多数情况下车辆都是用电池的电能来工作，车辆的排放和燃油消耗较少，同时可以利用车辆运动的惯性力来起动发动机，从而可以取消起动机。这种模式的缺点是，由于发动机每次停止运转期间，发动机和催化转化装置的温度降低而导致它们的效率降低，增加了尾气排放。

2）电机辅助混合动力模式。这种模式主要利用发动机来驱动车辆，电机只在两种状态下使用：一是用于瞬间加速和爬坡需要峰值功率时，可使发动机工作在较高效率区间，以降低排放和减少燃油消耗；二是车辆减速制动时电机被用来回收车辆的制动动能对动力电池进行充电。这种模式的主要缺点是车辆不具备纯电动模式，在行驶过程中若经常加速，动力电池的电能消耗到最低限度，则会失去电机辅助能力，驾驶人会感到车辆动力性能有所降低。

（4）并联式混合动力系统的特点

1）并联式混合动力系统的优点。

①两条驱动路径并联增加驱动功率。并联式混合动力电动汽车具有发动机 - 发电机和驱动电机两套动力系统，增强了混合动力电动汽车的动力性。

②能量转化效率高。并联式混合动力电动汽车从发动机到车轮之间的动力传递过程中，除摩擦损耗外，没有机械能 - 电能 - 机械能的转换过程，总的能量转换综合效率要比串联式混合动力电动汽车高。

③动力元件比串联式混合动力驱动系统更小。由于在车辆需要较大输出功率时，驱动电机可给发动机提供额外的辅助动力，可以选择功率较小的发动机，燃料经济性比串联式混合动力电动汽车要高。

④储能元件容量要求减小。驱动电机 / 发动机的功率根据多能源动力总成匹配的

要求，可以选择较小功率的发动机。与此相对应，驱动电机/发动机的质量和体积较小，与它们配套的动力电池的容积也较小，使整车整备质量大大降低。

⑤驱动电机/发动机根据工况灵活工作。驱动电机/发动机同时起到起动机和飞轮的作用，驱动电机可以带动发动机起动，在发动机运转时起飞轮平衡作用，调节发动机动态变化和输出功率，使发动机基本稳定在高效率、低排放的状态下运转。发动机带动驱动电机发电，所发出的电能向动力电池组充电，用于补充动力电池的电能，可增加续驶里程。

2）并联式混合动力系统的缺点。

①发动机工作状态受路面行驶工况影响。发动机驱动模式是并联式混合动力电动汽车的基本驱动模式，发动机的工况会受到并联式混合动力电动汽车行驶工况的影响，无法一直运行在高效区域，因此发动机排放性能劣于串联式混合动力电动汽车。

②相比串联式混合动力电动汽车结构和布置更复杂。并联式混合动力电动汽车发动机驱动路径需要配备与内燃机汽车相同的传动系统，包括离合器、变速器、传动轴、主减速器和差速器等传动总成，另外还有驱动电机、动力电池组，以及动力耦合器等装置，因此并联式混合动力电动汽车的多能源动力系统结构复杂，布置和控制困难。

3. 混联式结构

（1）基本结构

混联式混合动力系统的结构及驱动方式如图 5-2-7 所示，既可以在串联混合动力模式下工作，也可以在并联混合动力模式下工作，即在结构上综合了串联式和并联式的特点。这就要求有两台电机，一个比较复杂的传动系统和一个智能化控制系统。

混联式混合动力汽车

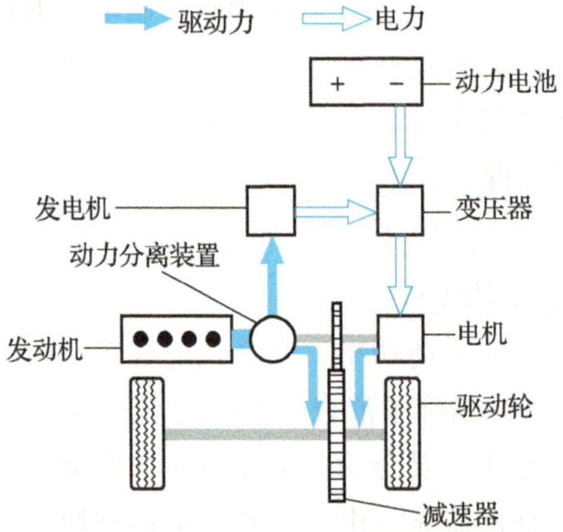
驱动力
电力
动力电池
发电机
变压器
动力分离装置
发动机
电机
驱动轮
减速器

图 5-2-7　混联式混合动力系统的结构及驱动方式

（2）混联式混合动力系统典型工作模式的功率流

混联式混合动力系统具有低油耗和低排放的效果。根据行驶工况的不同，以不同的模式工作，最大限度地适应车辆的行驶工况，使系统达到最高的燃油经济性和最低的排放。

1）起动时。利用电机起动时的低速大转矩特性，汽车起动时，混合动力系统仅使用由动力电池提供能量的电机的动力起动，这时发动机并不运转，如图 5-2-8 所示。

起动时
动力控制单元
电机
减速器
动力电池
发电机
动力分离装置
发动机

图 5-2-8　起动时

2）低速 - 中速行驶时。低速 - 中速行驶时，由高效利用能量的电机驱动行驶。对于发动机而言，在低速 - 中速带的效率并不理想，而电机在低速 - 中速带性能优越。因此，在用低速 - 中速行驶时，油电混合系统使用动力电池的电力，驱动电机行驶，如图 5-2-9 所示。动力电池电量少时，利用发动机来带动发电机发电，为电机提供动力。

低速-中速行驶时
动力控制单元
电机
减速器
动力电池
发电机
动力分离装置
发动机

图 5-2-9　低速 - 中速行驶时

3）一般行驶时。一般行驶时，低油耗的驾驶，使用发动机作为主要动力源。低速区间，大功率驱动工况，如连续爬坡等，此时依照工作状况设定，由电机驱动，将会消耗大量的电，需要发动机为电池补充电量。汽车以串联驱动模式行驶时，发动机工作在经济区且输出恒定功率，如图 5-2-10 所示。动力电池的电量少时，发动机输出功率会被提高以加大发电量，来给动力电池充电。

一般行驶时
动力控制单元
电机
减速器
动力电池
发电机
动力分离装置
发动机

图 5-2-10　一般行驶时

4）一般行驶时 / 剩余能量充电。在中速行驶时，一般工作在发动机中速区域，且此时的发动机动力负荷偏低，效率低，发动机会产生多余的能量。通过这种模式来提高发动机的工作负荷，从而提高发动机的工作效率和为电池补充电能，如图 5-2-11 所示。

动力控制
单元
电机
一般行驶时/剩余能量充电
动力电池
发电机
减速器
动力分离
装置
发动机

图 5-2-11　一般行驶时 / 剩余能量充电

5）全速开进（行驶）时。利用双动力来获得更高一级的加速。在需要强劲加速（如爬陡坡及超车）时，动力电池也提供电力，来加大电机的驱动力。通过发动机和驱动电机同时工作，能提供较大的动力输出，因此这种模式通常适合于工作在中低速加速和高速区，如图 5-2-12 所示。

动力控制
单元
电机
全速开进（行驶）时
动力电池
发电机
减速器
动力分离
装置
发动机

图 5-2-12　全速开进（行驶）时

6）减速 / 能量再生时。汽车制动时，车轮提供反向转矩，带动驱动电机来作为发电机发电，以此回收能量。通过回收制动能量，混合动力电动汽车能很好地控制油耗和排放。这种模式工作在中高速滑行和制动的工况下，如图 5-2-13 所示。

动力控制
单元
电机
减速/能量再生时
动力电池
发电机
减速器
动力分离
装置
发动机

图 5-2-13　减速 / 能量再生时

7）停车时。在停车时，发动机、电机、发电机全部自动停止运转。不会因怠速而浪费能量，如图 5-2-14 所示。当动力电池的充电量较低时，发动机将继续运转，以给动力电池充电。另外，有时因与空调开关连动，发动机仍会保持运转。

动力控制单元
电机
停车时
动力电池
发电机
减速器
动力分离装置
发动机

图 5-2-14　停车时

（3）混联式结构

混联式混合动力驱动系统其工作原理如下：发动机发出的功率一部分通过功率分流装置（功率分配器），经机械传动系统传至驱动轮，另一部分则驱动发电机发电，发出的电能输送给电机或动力电池，电机的力矩同样也可通过传动系统传送给驱动轮。混联式驱动系统的一般控制策略是：在汽车低速行驶时，驱动系统主要以串联式工作；当汽车高速稳定行驶时，则以并联式为主。

混联式混合动力驱动系统的结构形式和控制方式充分发挥了串联式和并联式的优点，能够使发动机、发电机等部件进行更优化的匹配，在结构上保证了在更复杂的工况下使系统工作在最优状态，因此更容易实现排放和油耗的控制目标。与并联式相比，混联式的动力复合形式更复杂，因此在机械结构和控制方面对动力复合装置提出了更多的要求。

（4）混联式混合动力系统的特点

1）混联式混合动力系统的优点。

①与串联式混合动力电动汽车相比动力系统更小、成本降低。混联式混合动力电动汽车是在并联式混合动力电动汽车的基础上，再增加电动机 / 发电机或驱动电机，因此混联式混合动力电动汽车由三个动力总成组成，但比串联式混合动力电动汽车动力总成的功率、质量和体积要小。

②多种工作模式获得更好的性能。混联式混合动力电动汽车有多种驱动模式可供选择，包括串联驱动和并联驱动，使发动机的工作状态在多变的工况中都可以选择最优的模式。

③发动机参与驱动减少能量转换损失。发动机驱动模式是混联式混合动力电动汽车的基本驱动模式之一，从发动机到车轮之间动力传递过程中，除摩擦损耗外，没有机械能 - 电能 - 机械能的转换过程，能量转换的综合效率要比内燃机汽车高。

④纯电行驶降低排放。纯电机驱动模式也是混联式混合动力电动汽车的基本驱动模式之一，可以独立驱动车辆行驶，在车辆起动及起步时，发挥电机低速大转矩的特

征，带动车辆起步，实现“零污染”行驶。

2）混联式混合动力系统的缺点。

①发动机参与驱动在特殊工况下排放劣于串联式混合动力电动汽车，混联式混合动力电动汽车性能更接近内燃机汽车。发动机的工况会受行驶工况的影响，发动机有害气体的排放高于串联式混合动力电动汽车。

②结构复杂布置困难。混联式混合动力电动汽车需要配备两套驱动系统，发动机传动系统需要装置离合器、变速器、传动轴和驱动轮等传动总成。另外，还有电动机/发电机、驱动电机、减速器、动力电池组，以及多能源的动力组合或协调发动机驱动与驱动电机驱动力的专用装置，因此混联式混合动力电动汽车的多能源动力系统结构复杂，总布置也更加困难。

③整车多能源控制系统要求更高。多能源动力的匹配和组合有不同的形式，需要装配一个复杂的多能源动力总成控制系统，才能达到高的经济性和“超低污染”的控制目标。

四、任务小结

1. 串联式混合动力电动汽车的组成、结构、原理及特点。
2. 并联式混合动力电动汽车的组成、结构、原理及特点。

任务工单

任务名称	掌握插电式混合动力电动汽车的基本结构与原理				
姓　　名		学　　号		任务成绩	
实训设备工具	插电式混合动力电动汽车、新能源专用工具车				
任务描述	认识混合动力电动汽车的各部件名称及功能				
任务目的	掌握动力传递形式串联、并联和混联的插电式混合动力电动汽车结构				

一、资讯

1. 并联式混合动力电动汽车车辆起动、低速及轻载行驶时，发动机________，车辆由电机驱动，为纯电动工况。

2. 一般混合动力按照动力传动方式可以分为串联式、并联式和________。

3. 按照动力传动方式分类，长安 CS75PHEV 属于________。

4. ________电机主要利用发动机来进行发电，并能够回收部分能量输入动力电池。

二、计划与决策

根据任务要求，确定所需要的设备、工具，并对小组成员进行合理分工，制订详细的计划。

1. 需要设备工具

2. 小组成员分工

3. 制订计划与决策

三、实施

1. 实施步骤

2. 总结实施过程中的注意事项

四、检查

五、评估

1. 自己任务完成的情况，对自己的工作进行自我评估，并提出改进意见。

1）

2）

2. 工单成绩

自我评价	组长评价	教师评价	总分

New Energy Vehicle

06

项目 6 其他类型的新能源汽车认知

任务 1　了解燃料电池汽车的结构与原理

素养目标

1. 财政部、工业和信息化部、科技部、国家发展改革委、国家能源局等五部门发布《关于启动新一批燃料电池汽车示范工作的通知》，北京市、上海市、广东省城市群将启动实施燃料电池汽车示范应用工作，建立健全示范应用统筹协调机制，推动牵头城市人民政府不断提升示范应用水平，加快形成燃料电池汽车发展可复制可推广的先进经验。

2. 2022 年北京冬奥会共计投入使用 816 辆氢燃料电池汽车作为主运力开展示范运营服务，创重大国际赛事投入规模最大纪录。冬奥为氢能和氢燃料电池汽车示范应用提供了世界级舞台。

一、任务导入

燃料电池作为电源的电动汽车称为燃料电池电动汽车（FCEV）。通过本任务学习，你将基本了解燃料电池的发展现状，为了加强认识，请你完成如下任务：

选择一种燃料电池，通过查阅资料了解其技术发展历程做一个 PPT 汇报稿，将其上传到学习平台，并在学习小组或班上进行简短汇报。

二、学习目标

知识目标：

- 能够清晰描述国内外燃料电池汽车的发展历程。
- 能够较好地了解各国燃料电池汽车的发展方向。

职业素养目标：

- 树立自主发展的意识。
- 强化汇报及沟通的能力。

➢ 培养小组协同学习能力。

三、理论知识

1. 燃料电池汽车发展现状

世界主要发达国家从资源、环保等角度出发，都十分看重燃料电池汽车的发展。目前燃料电池已在一些细分领域初步实现了商业化。由于现阶段较为实用的燃料电池汽车能量来源主要是以氢为燃料的，因此氢燃料电池的发展是非常重要的。

（1）燃料电池汽车的特点

燃料电池汽车相对于传统燃油汽车及纯电动汽车主要有以下优点：

1）能量转换效率高。燃料电池没有活塞或涡轮等机械部件及中间环节，且不受卡诺定律的限制，能量转换效率可高达 60%~80%，为传统内燃机的 2~3 倍。

2）排放无污染。燃料电池的燃料是氢和氧，生成物是清洁的水。若以富氢有机化合物重整制得的氢作为燃料，生成物除了水可能还有少量二氧化碳，但排放量比传统汽车少得多，且不包含其他氮化物、硫化物等污染排放物。当燃料电池使用氢作为燃料时，排放的是水，对环境无污染。

3）结构灵活。燃料电池堆可由若干个单元电池串联或并联而成，可根据质量分配均衡和空间有效利用的原则，机动灵活地安装和布局。

4）续驶里程长。燃料电池汽车续驶里程由车载储氢瓶的总容量决定，长途行驶能力接近于传统内燃机汽车，克服了纯电动汽车续驶里程短的缺点。

5）加氢时间短。燃料电池汽车加注一次氢气的时间约为 3~15min，而目前纯电动汽车进行一次快充至少需要 30min。

（2）国外燃料电池汽车发展现状

以日本丰田 Mirai 为例，其是世界上第一款量产的氢燃料电池汽车，于 2014 年 12 月 15 日在日本正式上市。Mirai 使用了丰田燃料电池系统（TFCS），它的特别之处在于将燃料电池以及混合动力技术进行了深度整合。相比传统内燃机，它的做功效率不仅有了明显提升，同时不会排放 CO_2、氮氧化合物等有害气体。根据丰田的官方数据，在参照日本 JC08 燃油模式测试的情况下，Mirai 的续驶里程达到了 650km，同时完成单次氢燃料补给仅需约 3min。丰田燃料电池系统（TFCS）包含了丰田自主开发的丰田燃料电池组、燃料电池升压斩波电路（FC boost converter）以及高压储氢罐。

（3）国内燃料电池汽车发展现状

以深蓝汽车氢燃料电池版深蓝 C385 为例续驶达到了 700km 以上，其补能时间仅需 3min，馈电氢耗低至 0.65kg/100km 以下。氢燃料电池版深蓝 C385 采用体积更小、功率更大的水气异侧电堆设计，配合工况模式智能感知算法、新一代高活性铂合金催化剂梯度涂覆，实现了超高发电效率及超长电堆寿命。

由我国牵头修订的国际标准 ISO/TR 11954：2024《使用压缩氢气的燃料电池电动

汽车动力性试验方法》正式发布。据介绍，ISO/TR 11954：2024 在完善最高车速测试方法的基础上，进一步增加了加速能力试验以及爬坡试验，从而形成了完整的燃料电池电动汽车动力性测试方法。该标准可适用不同压力等级、不同动力总成模式以及不同控制策略的燃料电池电动汽车，引领燃料电池电动汽车的技术进步，支撑产业快速发展。

ISO/TR 11954：2024 的发布，促进了国内国际标准相互促进融合机制的形成，提高了中国参与国际标准协调的贡献度，助力中国燃料电池电动汽车产业走出去。

2. 燃料电池电动汽车的结构及原理

燃料电池作为电源的电动汽车称为燃料电池电动汽车（FCEV）。深蓝汽车（燃料电池版）如图 6–1–1 所示。

图 6–1–1　深蓝汽车（燃料电池版）

氢燃料电池汽车（以下又称为燃料电池汽车）是利用氢气和空气中的氧，在催化剂的作用下，在燃料电池中经电化学反应产生电能，并作为主要动力源驱动的汽车。现阶段 FCEV 一般是以质子交换膜燃料电池（PEMFC）作为车载能量源。质子交换膜燃料电池以氢气和氧气的非燃烧性电化学作用，直接产生电能为电动汽车或者中间储能电池供电，驱动汽车的行驶。燃料电池系统（FCS）发电后通过 DC–DC 升压，可以直接驱动电机，也可以给电池充电。燃料电池汽车结构原理图一般如图 6–1–2 所示，丰田 Mirai 燃料电池汽车结构图如图 6–1–3 所示。

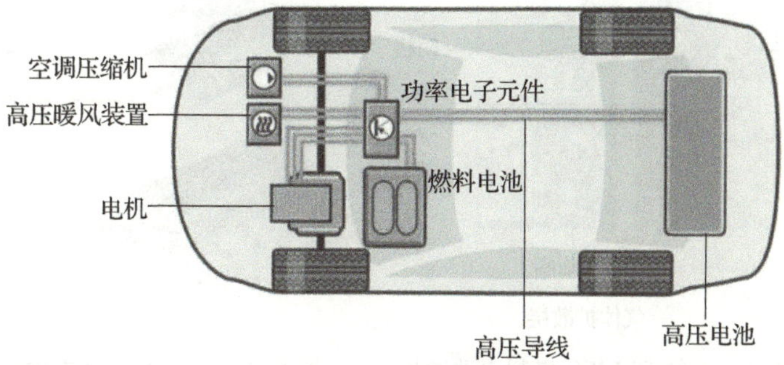
空调压缩机
高压暖风装置
功率电子元件
燃料电池
电机
高压导线
高压电池

图 6–1–2　燃料电池汽车结构原理图

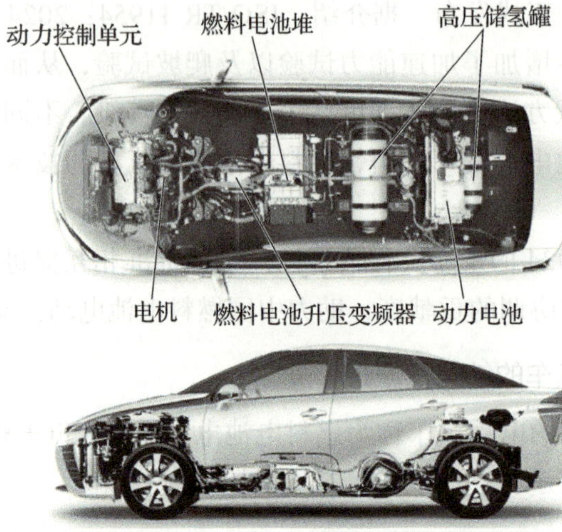
动力控制单元
燃料电池堆
高压储氢罐
电机
燃料电池升压变频器
动力电池

图 6-1-3　丰田 Mirai 燃料电池汽车结构图

3. 燃料电池的结构与组成

燃料电池是一种能量转化装置，它是按电化学原理、等温地把储存在燃料和氧化剂中的化学能直接转化为电能，因而实际过程是氧化还原反应。燃料电池与普通电池最大的区别在于普通电池的活性物质存储在电池内部，而燃料电池本身则不包含活性物质，无论是燃料还是氧化剂都需要外部供应，反应产物则需要不断排出。总的来说，燃料电池的主要构成组件为电极、电解质隔膜与集电器等。单体 PEMFC 燃料电池与燃料电池电堆的结构分别如图 6-1-4、图 6-1-5 所示，由我国中科院宁波材料技术与工程研究所的固态氧化物燃料电池研发团队研发的一款 SOFCMAN-E-5kW 高温固体氧化物燃料电池电堆如图 6-1-6 所示。

燃料电池的结构

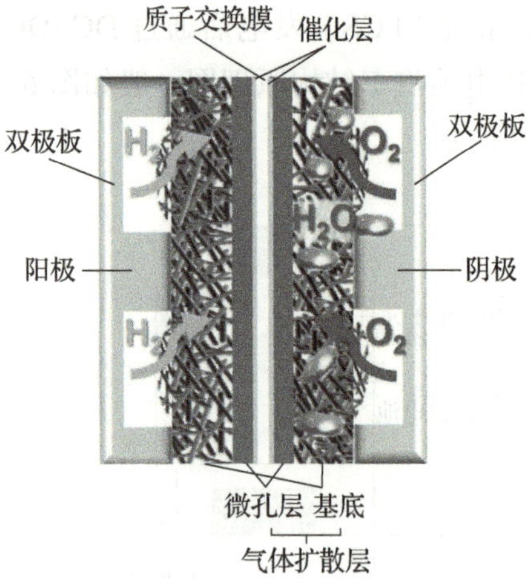
质子交换膜
催化层
双极板
双极板
阳极
阴极
微孔层 基底
气体扩散层

图 6-1-4　单体 PEMFC 燃料电池结构

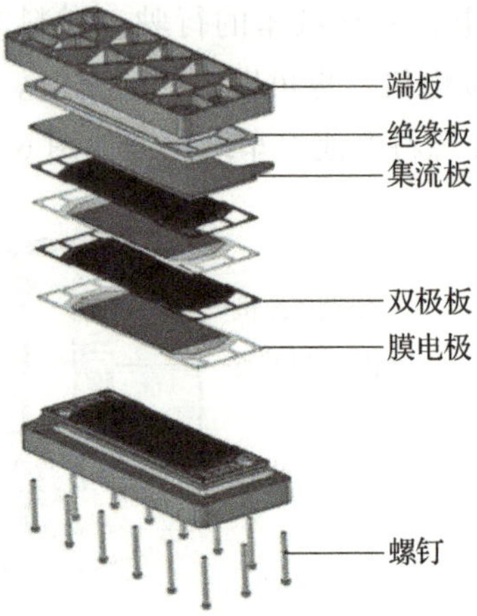
端板
绝缘板
集流板
双极板
膜电极
螺钉

图 6-1-5　燃料电池电堆结构

图 6-1-6　SOFCMAN-E-5kW 高温固体氧化物燃料电池电堆

1）电极。燃料电池的电极是燃料发生氧化反应与氧化剂发生还原反应的电化学反应场所，其性能的好坏关键在于电极材料的催化性能、电极的材料等。电极主要可分为两部分：阳极和阴极，厚度一般为 200~500mm。其结构与一般电池之平板电极不同之处，在于燃料电池的电极为多孔结构。燃料电池的电极设计成多孔结构的主要原因是燃料电池所使用的燃料及氧化剂大多为气体（例如氧气、氢气等），而气体在电解质中的溶解度并不高，为了提高燃料电池的实际工作电流密度与降低极化作用，故发展出多孔结构的电极，以增加参与反应的电极表面积。

目前高温燃料电池电极主要是以触媒材料制成，如固态氧化物燃料电池（简称 SOFC）的 Y_2O_3-stabilized-ZrO_2（简称 YSZ）及熔融碳酸盐燃料电池（简称 MCFC）的氧化镍电极等，而低温燃料电池则主要是由气体扩散层支撑一薄层催化材料而构成，如磷酸燃料电池（简称 PAFC）与质子交换膜燃料电池（简称 PEMFC）的铂电极等。

2）电解质隔膜。电解质隔膜的主要功能在于分隔氧化剂与还原剂，并传导离子，故电解质隔膜越薄越好，但亦需顾及强度。就现阶段的技术而言，其一般厚度约在数十毫米至数百毫米。至于材质，目前主要朝两个方向发展，其一是先以石棉膜、碳化硅膜、铝酸锂膜等绝缘材料制成多孔隔膜，再浸入熔融锂 - 钾碳酸盐、氢氧化钾与磷酸等中，使其附着在隔膜孔内。其二则是采用全氟磺酸树脂及 YSZ。

3）集电器。集电器又称作双极板，具有收集电流、分隔氧化剂与还原剂、疏导反应气体等功用，集电器的性能主要取决于其材料特性、流场设计及其加工技术。

4. 燃料电池的工作原理

燃料电池是燃料电池汽车最核心的总成之一。通常情况下，燃料电池可以分为磷酸燃料电池、固体氧化物燃料电池、碱性燃料电池、质子交换膜燃料电池、溶酶碳酸盐燃料电池等。近年来，随着对燃料电池研究的日益深入，逐渐诞生了直接碳燃料电池、微生物燃料电池、直接甲醇燃料电池等。在上述种类中，最早被开发的燃料电池为磷酸燃料电池和碱性燃料电池，也被称为第一代燃料电池，发展至今已经拥有较为成熟的技术。而第二代燃料电池为熔融碳酸盐燃料电池，第三代燃料电池为

燃料电池的工作原理

固体氧化物燃料电池。

虽然燃料电池根据其特征有许多分类，但是燃料电池的基本原理并无太大的不同。作为一个以氧化还原反应为基础的电化学反应，其原理本质上都是燃料气在阳极上放出电子并生成正离子，放出的电子经外电路传导做功后到达阴极并与氧化剂结合。阳极生成的正离子通过电解质迁移到阴极上，与氧化剂结合反应生成反应产物并构成回路，产生电流。从外电路看，由于电子是由阳极向阴极传导，因此对外电路来说阴极作为整个电池的正极，而阳极是整个电池的负极。

以质子交换膜燃料电池为例，其工作原理实质上就是氧气与氢气的反应生成水的过程，也是电解水的逆过程，如图 6-1-7 所示。其中，质子交换膜作为电解质，氧气或空气在阴极作为氧化剂，氢燃料在阳极发生氧化，两极都含有加速电极反应的 Pt–C 或 Pt–Ru–C 的催化剂。

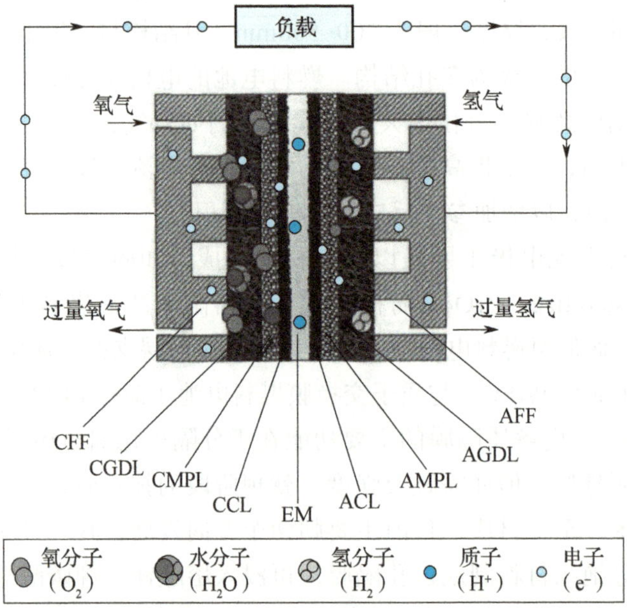
负载
氧气
氢气
过量氧气
过量氢气
CFF
CGDL
CMPL
CCL
EM
ACL
AMPL
AGDL
AFF
氧分子（O_2）
水分子（H_2O）
氢分子（H_2）
质子（H^+）
电子（e^-）

图 6–1–7　质子交换膜燃料电池结构及工作原理示意图

（CFF：阴极流场；CGDL：阴极气体扩散层；CMPL：阴极微孔层；CCL：阴极催化剂层；EM：质子交换膜；ACL：阳极催化剂层；AMPL：阳极微孔层；AGDL：阳极气体扩散层；AFF：阳极流场）

具体电化学反应步骤为：通过气体流道分别向阳极和阴极提供氢气和空气，经过加湿后的氢气和氧气分别进入阳极流道和阴极流道并与气体扩散层接触进而经过气体扩散层扩散，进入阳极的氢气分子被催化剂吸附，并离化为氢离子和电子；氢离子经过质子交换膜扩散至阴极，而电子在电极内传递至负极集流板后经过外电路负载流向阴极，在阴极催化层上和阳极迁移而来的氢离子、氧原子结合成水分子，生成的水通过尾气排出，具体化学反应方程式为

阳极（负极）：$H_2(g) \rightarrow 2H^+(aq)+2e^-$

阴极（正极）：$1/2O_2+2H^++2e^- \rightarrow H_2O$

电池反应：$H_2+1/2O_2 \rightarrow H_2O$

质子交换膜具有选择透过性，一般只容许氢离子和水分子透过，同时它将燃料电池内部分隔成阳极与阴极两部分，在燃料电池内部实现质子通过同时避免产生电子导通，这也正是质子交换膜燃料电池的名称由来。催化层中的催化剂使得氢气在阳极发生氧化反应，氧气在阴极发生还原反应，降低反应的过电压、加快电化学反应的速度。

质子交换膜燃料电池系统中，由于单片燃料电池输出电压无法满足负载的电压需求，一般将单片电池经过堆叠可以组成一个燃料电池电堆，具体电堆中的燃料电池片数根据实际系统的功率与电压需求确定。除此之外，燃料电池系统还主要包括气体供给回路（包括阳极氢气回路、阴极空气回路）、冷却液回路，以及电气回路，如图 6-1-8 所示。

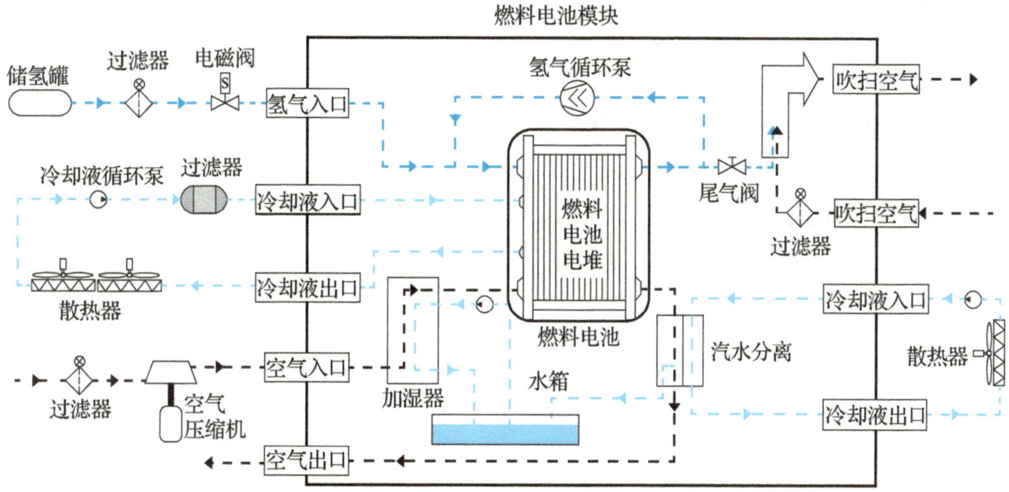
燃料电池模块
储氢罐
过滤器
电磁阀
S
氢气入口
氢气循环泵
吹扫空气
冷却液循环泵
过滤器
冷却液入口
燃料
电池
电堆
尾气阀
吹扫空气
过滤器
散热器
冷却液出口
冷却液入口
燃料电池
汽水分离
散热器
过滤器
空气入口
空气
压缩机
加湿器
水箱
冷却液出口
空气出口

图 6-1-8　质子交换膜燃料电池系统

气体供给回路的功能是给燃料电池系统提供反应气体，可分为阳极氢气回路和阴极空气回路，其中阳极氢气回路包括储氢罐、电磁阀等，部分燃料电池系统为考虑经济性会额外添加氢气循环子回路。阴极空气回路一般包括空气压缩机、加湿器等。考虑燃料电池运行的安全性与经济性，气体供给回路需要为燃料电池电堆提供一定气压、湿度与流量的气体，防止氢气、氧气“饥饿”，并且不造成过多的浪费。同时，一般在氢气回路中会添加吹扫系统，用于排气与排水。在不含氢气循环回路的系统中，在系统启动前吹扫氢气，使阳极回路中氮气含量小于一定值，做好系统启动准备；在系统运行结束后吹扫氢气，排除回路中的氮气与水，保护电堆。在含有氢气循环回路的系统中，该吹扫系统会定期吹扫，避免由于阴极氮气渗透到阳极而产生氮气积累。

冷却液回路，即热管理子系统，主要作用是冷却燃料电池电堆，使得其温度保持在一个合适的范围内。这是由于在燃料电池系统的工作过程中，堆内的电化学反应会产生大量的热量，若不及时将这些热量带走，会导致电堆过热甚至损坏质子交换膜。目前燃料电池系统的冷却方式主要有水冷、风冷和绝缘冷却 3 种方式，其中水冷式最为普遍。冷却液回路一般包括水箱、循环水泵和散热器（或风扇），其工作原理是通过调节循环冷却液的流量，使燃料电池电堆温度维持在一个合理范围内。

因为燃料电池的输出特性较软，输出电压会随着电流的增加而降低，同时气压、流速、堆内温度和湿度等因素都会影响燃料电池的输出电压，为了给负载一个稳定的工作电压，燃料电池系统不能直接与负载连接。故而在实际应用中，往往先将燃料电池系统与DC–DC变换器连接，根据需求加入锂电池、超级电容等辅助能源从而弥补燃料电池动态响应速度较慢的缺点。这种由燃料电池系统、DC–DC变换器及锂电池、超级电容等辅助能源构成的系统称为混合动力系统。在混合动力系统中加入能量管理控制，对燃料电池与辅助能源进行功率分配，从而满足系统输出功率的峰值需求及功率变化时的动态响应需求，并且在怠速情况下由燃料电池为辅助能源进行充电，从而提升能源利用率。

四、任务小结

1. 燃料电池汽车国内外发展现状。
2. 燃料电池汽车的结构。
3. 燃料电池的工作原理。

任务工单

任务名称	了解燃料电池汽车的结构与原理				
姓　　名		学　　号		任务成绩	
任务描述	了解燃料电池汽车的结构与原理				
任务目的	查找相关资料，进一步了解燃料电池汽车的结构与原理				

一、资讯

二、计划与决策

根据任务要求，确定所需要的设备、工具，并对小组成员进行合理分工，制订详细的计划。

1. 需要设备工具

2. 小组成员分工

3. 制订计划与决策

三、实施

1. 实施步骤

2. 总结实施过程中的注意事项

四、检查

五、评估

1. 自己任务完成的情况，对自己的工作进行自我评估，并提出改进意见。

1）

2）

2. 工单成绩

自我评价	组长评价	教师评价	总分

任务2　了解燃气汽车的结构与原理

素养目标

燃气汽车是清洁燃料汽车，所排放尾气中不含硫化物、铅和苯，经济性好且减少了对环境的污染。应当倡导大家多关注环境污染问题，为构建人类命运共同体贡献力量。

一、任务导入

燃气汽车也是新能源汽车的一种，具有多种传统燃料汽车的优点。通过本任务学习，你将基本了解燃气汽车的结构与原理。

通过查阅资料了解其技术发展历程形成燃气汽车技术发展图谱，并在学习小组或班上进行简短汇报。

二、学习目标

知识目标：

- 能够清晰描述燃气汽车的结构。
- 能够分析燃气汽车的基本原理。
- 通过查询资料完成学习任务，提高资源搜集的能力。
- 通过完成学习任务，提高知识展示的能力。

职业素养目标：

- 强化自主学习的意识。
- 培养小组协同学习能力。

三、理论知识

使用燃气作为燃料的汽车具有适应高压缩比、清净、环保、经济效益高、机油更换周期延长、安全等优势，因而在世界范围内得到推广应用。燃气汽车又称为天然气汽车，主要分为液化石油气（LPG）汽车和压缩天然气（CNG）汽车两种。燃气汽车主要以天然气为燃料，它的 CO 排放量比汽油车减少 90% 以上，碳氢化合物排放减少 70% 以上，氮氧化合物排放减少 35% 以上，是较为实用的低排放汽车。

1. 燃气汽车的结构

燃气汽车的结构

压缩天然气汽车系统通常包括天然气气瓶、减压调压器、各类阀门和管件、混合器（或者天然气喷射装置）、各类电控装置等。天然气发动机还包括锻造铝合金、高压缩活塞、镍铬硬化合金排气门座和甲烷催化转化器。一般而言，CNG 汽车采用定型汽车改装，在保留原车供油系统的情况下增加一套“车用压缩天然气转换装置”，其结构如图 6-2-1 所示。

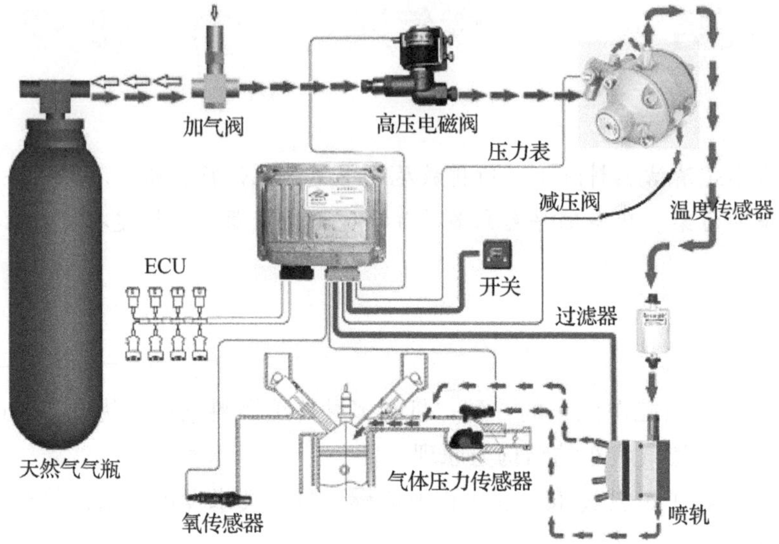
加气阀
高压电磁阀
压力表
减压阀
温度传感器
ECU
开关
过滤器
天然气气瓶
气体压力传感器
氧传感器
喷轨

图 6-2-1　车用压缩天然气转换装置结构

改装部分由以下三个系统组成。

1）天然气系统。主要由加气阀、高压截止阀、天然气气瓶、高压管线、高压接头、压力表、压力传感器及气量显示器等组成。天然气系统主要承担燃气的存储，并且具备天然气补充和安全保护的功能。

2）燃气供给系统。主要由燃气高压电磁阀、三级组合式的减压阀、混合器等组成。承担向发动机按需提供燃气的功能。

3）油气燃料转换系统。主要由三位油气转换开关、点火时间转换器、汽油电磁阀组成。油气燃料转换系统根据需要，负责转换不同的燃料使用情况。

CNG 气瓶是压缩天然气汽车的主要设备之一。气瓶的设置和生产都由严格的标准控制。CNG 车用气瓶可以分为四类：第一类气瓶是全金属气瓶，材料是钢或铝；第二类气瓶采用金属内衬，外面用纤维环状缠绕；第三类气瓶采用薄金属内衬，外面用纤维完全缠绕；第四类气瓶完全是由非金属材料制成，如玻璃纤维和碳纤维。钢瓶的瓶口处安装有易熔塞和爆破片两种保安全装置，当气瓶温度超过限定温度，或压力超过限定压力时，保安全装置会自动破裂卸压，减压阀上设有安全阀；气瓶及高压管线安装时，均有防振胶垫，卡箍牢固。因此，该系统在使用中是最安全可靠的。

减压阀总成设有怠速阀，用以供给发动机怠速用气；压缩机减压过程中要膨胀做功对外吸热，因此在减压阀上还设有利用发动机循环液的加温装置；为提高车辆的操作性能，驾驶室设置有油气燃料转换开关，用来控制油气电磁阀及点火时间转换器，点火时间转换器由电路系统自动转换两种燃料的不同点火提前角；混合器可在减压器的调节下，根据发动机不同工况下产生的不同真空度，自动调节供气量使空气与天然气均匀混合，满足发动机燃油供给系统的要求。动力阀可改变天然气低压管及截面积，调节混合气阀关断，原车供油系统恢复状态正常供油，发动机正常运转。控制系统主要由燃料转换开关组成，通过控制汽油电磁阀和燃气电磁阀的开关，实现供油供气选择。

2. 燃气汽车的工作原理

燃气汽车的发动原理与汽油汽车基本是一致的。当天然气汽车发动机起动后，天然气从储气瓶通过软管导入，在发动机附近，天然气将进入压力调节器（减压阀总成）从而实现降压。将高压气瓶中储存的天然气经过减压后送到混合器中，燃料在四冲程发动机的混合器中与空气混合。传感器和计算机将对燃料和空气的混合气体进行调节，以便火花塞点燃天然气时，燃烧更有效。然后，天然气将进入多点顺序喷射喷轨，喷轨会将气体引入气缸中，仍然使用原汽油机的点火系统中的火花塞点火。

燃气汽车的
工作原理

燃气汽车上设置有燃料转换开关，用以控制燃气汽车发动机燃烧燃料的选择。总的来说，燃气汽车的工作原理如图 6-2-2 所示。

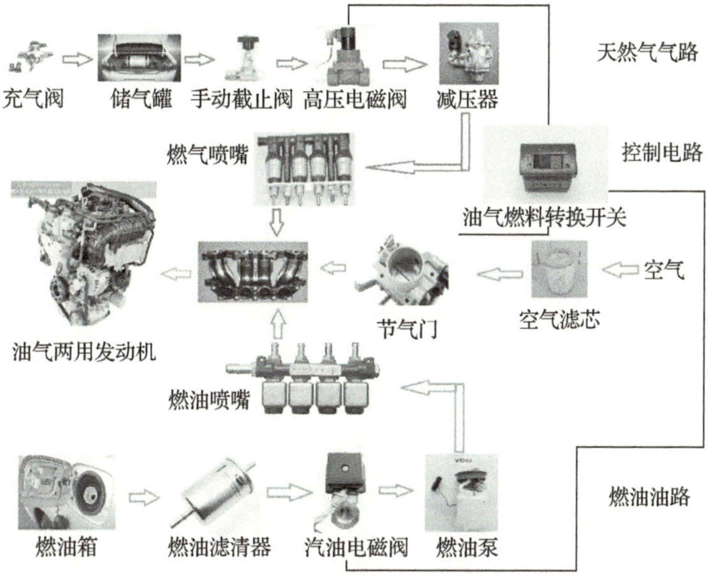

充气阀
储气罐
手动截止阀
高压电磁阀
减压器
天然气气路
燃气喷嘴
控制电路
油气燃料转换开关
空气
空气滤芯
节气门
油气两用发动机
燃油喷嘴
燃油箱
燃油滤清器
汽油电磁阀
燃油泵
燃油油路

图 6-2-2　燃气汽车的工作原理

当使用天然气作燃料时，手动截止阀打开，安装在驾驶室内的油气燃料转换电开关置于天然气位置，汽油电磁阀关闭，储气罐内的高压天然气通过高压管路进入减压调节器减压。减压调节器装置一般为三级组合式结构，可将压缩天然气逐级减压至负压，再通过低压管路、动力阀进入混合器，并与经空气滤清器进入的空气混合，经进气通道进入发动机气缸燃烧。混合器是一个根据文丘里管原理设计的部件，可将发动机进气道的真空度传递到减压调节器内，直接调节天然气的供给量。减压调节器与混合器相匹配，根据发动机的各种不同工况产生不同的真空度，自动调节减压调节器的供气量，并使天然气与空气均匀混合，满足发动机不同工况的使用要求。当使用汽油作燃料时，油气燃料转换开关置于汽油的位置，此时天然气电磁阀关闭，汽油电磁阀打开，汽油通过汽油电磁阀进入喷轨、并吸入气缸燃烧。燃料转换开关有三个位置，当拨到中位时，油、气电磁阀均关闭，该功能是由汽油转换到天然气时，专门用来烧完化油器油室里残存的汽油而设置的，以免发生油气混烧现象。有的 CNG 汽车用晶体管电动油泵代替汽油电磁阀，其性能基本相同。

四、任务小结

1. 燃气汽车的结构。
2. 燃气汽车的工作原理。

任务 3　了解醇类燃料汽车的结构与原理

素养目标

乙醇是一种无色液体，可以从粮食和植物中提取，是一种可再生能源。使用乙醇替代化石能源可以大幅度降低对环境的污染，对实现可持续发展有重要意义。

一、任务导入

醇类燃料汽车具有多种显著传统燃料汽车的优点。通过本任务学习，你将基本了解醇类燃料汽车的结构与原理。

通过查阅资料了解其技术发展历程形成醇类燃料汽车技术发展图谱，并在学习小组或班上进行简短汇报。

二、学习目标

知识目标：

- 能够清晰描述醇类燃料汽车的结构。
- 能够分析醇类燃料汽车的基本原理。

职业素养目标：

- 强化自主学习的意识。
- 培养有效查找资料的能力。
- 培养小组协同学习能力。

三、理论知识

与汽油相比，醇类燃料具有较高的输出效率，能耗折合油耗量较低，由于燃烧充分，有害气体排放较少，属于清洁能源。甲醇主要从煤和石油中提炼，若形成规模生产，成本不高于汽油；乙醇一般利用谷物和野生植物生产，成本较低。随着技术的进步，醇类燃料将有很大的发展使用空间。

1. 醇类燃料汽车的结构

醇类燃料汽车按其在汽车中的燃烧形式分为掺烧、纯烧和改质三种。现阶段应用最广泛的是掺烧法。

醇类燃料汽车的结构

掺烧是醇类燃料在汽车上的主要应用方式，主要是指醇类燃料以不同的体积比例掺入汽油或柴油中。掺烧的主要方法有三种，即混合燃料法、熏蒸法、双供油系统法，其中前两者可用于柴油机和汽油机，而双供油系统法仅用于柴油机。一般而言，醇类燃料与柴油的混溶性差于汽油，因此掺烧主要针对醇类燃料与汽油的掺烧。纯烧是指单纯燃烧甲醇或乙醇燃料，主要有裂解法、蒸汽法、火花塞法、电热塞法、炽热表面法、加入着火改善剂法。改质主要指醇类燃料的改质。例如，利用发动机余热将甲醇改质生产氢气和一氧化碳，然后再燃烧。变性燃料乙醇指乙醇脱水后再添加变性剂而生成以乙醇为主的燃料。甲醇改质燃烧需要对发动机进行较大的改造，最好是重新设计发动机。

对于混合燃料法的掺烧型甲醇燃料汽车，其发动机结构不需进行较大更改。在乙醇掺烧比例不高的情况下发动机的结构也无须较大变化。熏蒸法是利用甲醇表面张力与黏度均比较低的特点，通过不同方式将醇燃料雾化气化后从进入管送入燃烧室。可利用的熏蒸方式包括对流动空气、机械部件进行雾化或者对冷却液、废气的热量进行汽化。如图 6-3-1、图 6-3-2、图 6-3-3 为三种不同的熏蒸获得雾化或气化的甲醇蒸汽。

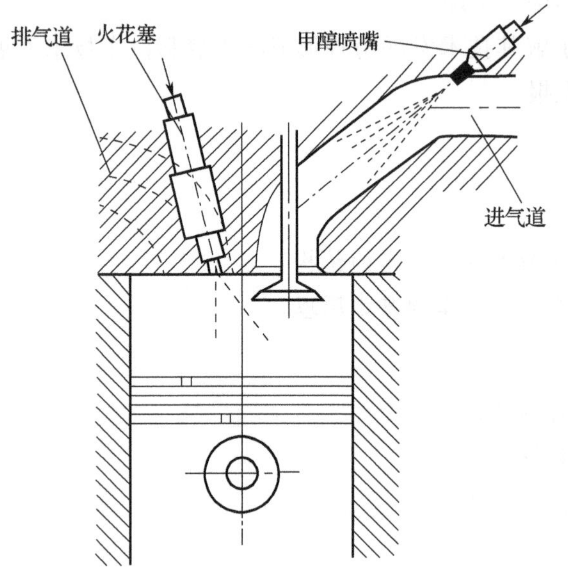
排气道
火花塞
甲醇喷嘴
进气道

图 6-3-1　流动空气雾化甲醇法

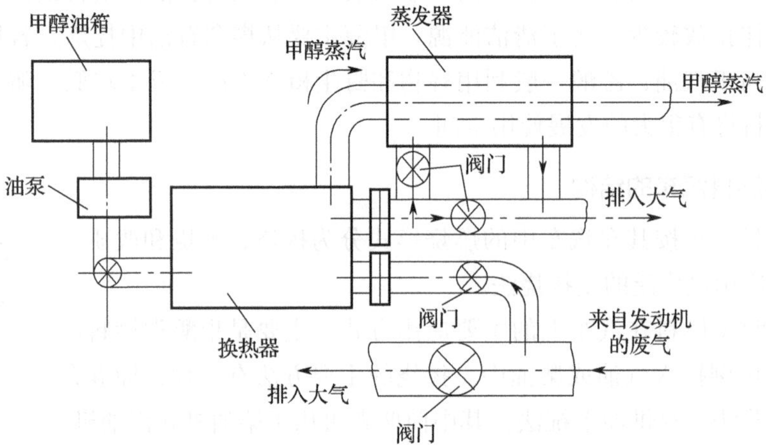
甲醇油箱
蒸发器
甲醇蒸汽
甲醇蒸汽
阀门
油泵
排入大气
阀门
来自发动机
的废气
换热器
排入大气
阀门

图 6-3-2　利用废气热量气化甲醇系统结构

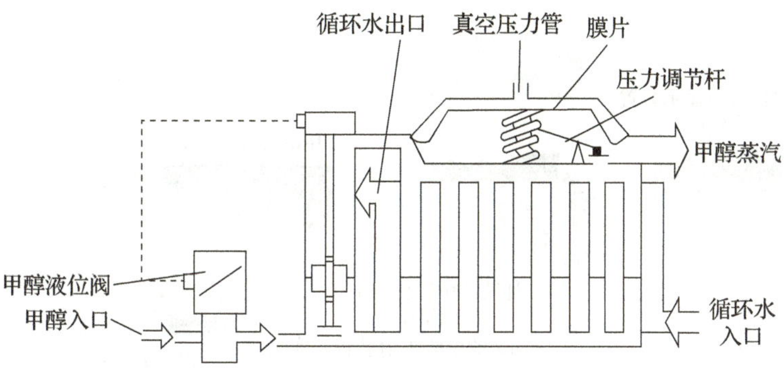
循环水出口
真空压力管
膜片
压力调节杆
甲醇蒸汽
甲醇液位阀
甲醇入口
循环水
入口

图 6-3-3　利用循环水热量气化甲醇系统结构

双供油系统法需要设计两套燃料喷射系统，其中一套喷射醇类燃料，另一套喷射原车汽油或柴油，一般来说希望作为引燃的汽柴油能够可靠着火，同时也能较好地点燃醇类燃料，某新型的双燃料电子喷射系统如图 6-3-4 所示。

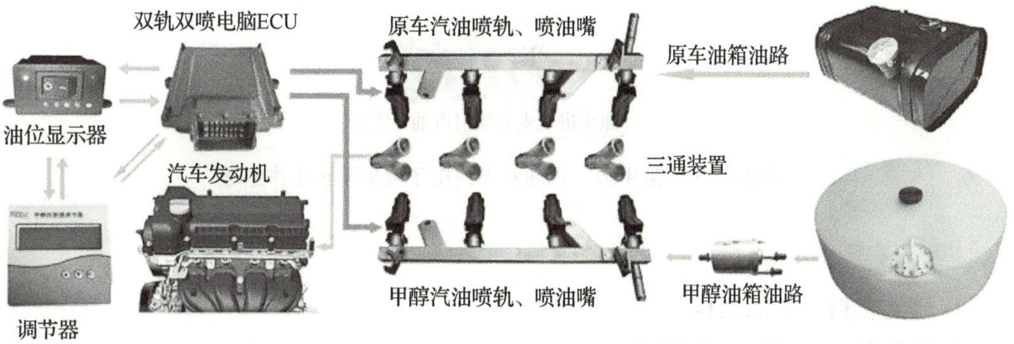
双轨双喷电脑ECU
原车汽油喷轨、喷油嘴
原车油箱油路
油位显示器
汽车发动机
三通装置
调节器
甲醇汽油喷轨、喷油嘴
甲醇油箱油路

图 6-3-4　某新型双燃料电子喷射系统示意图

2. 醇类燃料汽车的工作原理

醇类燃料可以与汽油或柴油按一定比例配制成混合燃料，亦可以直接采用醇类燃料作为发动机的燃料。

醇类燃料汽车的基本原理

西方一些国家使用醇类燃料与汽油掺混使用，掺混比例在 5%~15% 以下时可不更改发动机结构，已经正式投放市场。更大比例掺混燃料处于研究试验阶段。一个典型的燃烧甲醇 - 汽油双燃料的电子喷射系统如图 6-3-5 所示。

针对原本的汽油车，双燃料醇类汽车需要加装醇类燃料系统、醇类燃料供给系统和燃料喷射与控制装置。原车 ECU 通过对车辆行驶状况的判断给出传统燃油的喷射参数，加装的醇类燃料控制 ECU 对燃料喷射参数进行进一步的解算，进而将这种传统燃油喷射的命令与参数分解为燃油和醇类双喷射的参数指令，更进一步控制燃油和醇类双喷射的各自协调喷射动作，以根据实际情况最优化使用双燃料的混合比例并保证车辆的使用性能，以达到节能与减排的目的。

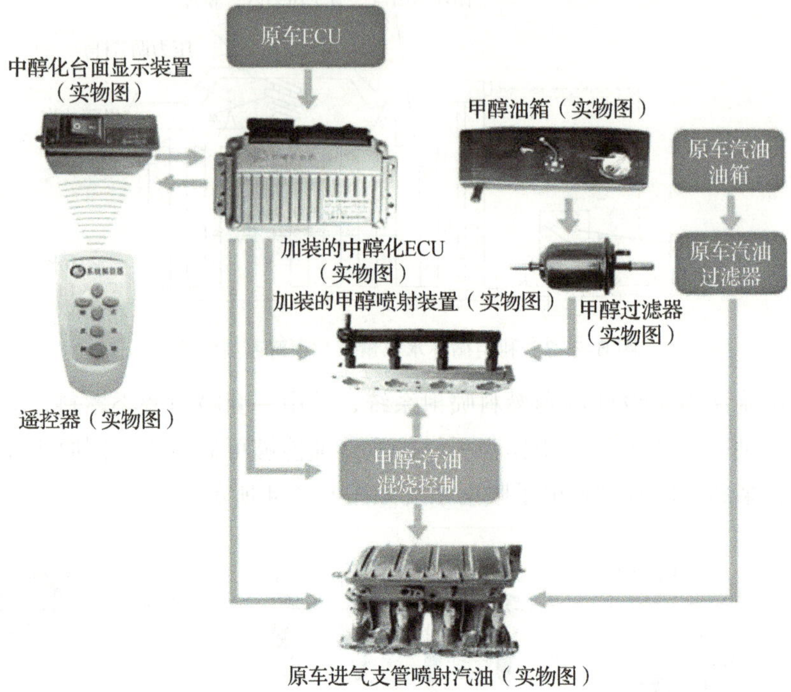
原车ECU
中醇化台面显示装置
（实物图）
甲醇油箱（实物图）
原车汽油
油箱
加装的中醇化ECU
（实物图）
原车汽油
过滤器
加装的甲醇喷射装置（实物图）
甲醇过滤器
（实物图）
遥控器（实物图）
甲醇-汽油
混烧控制
原车进气支管喷射汽油（实物图）

图 6-3-5　某甲醇－汽油双燃料电子喷射系统工作原理

四、任务小结

1. 醇类燃料汽车的结构。
2. 醇类燃料汽车的工作原理。

任务 4　了解太阳能汽车的结构与原理

素养目标

1. 太阳能汽车是真正的零排放汽车，可有效减少对环境的污染，实现真正绿色低碳的出行方式。

2. 太阳能发电的基础是太阳能电池。太阳能电池材料的光电转化率越高，越有利于太阳能汽车的推广，为此，科学家进行了无数次的尝试。学习太阳能汽车的研发历程，可培养学生的责任感和使命感。

一、任务导入

太阳能汽车是真正的零排放汽车，其环保意义值得长期关注。通过本任务学习，你将基本了解太阳能汽车的结构与原理。

通过查阅资料了解太阳能电池技术及其发展历程，并在学习小组或班上进行简短汇报。

二、学习目标

知识目标：

- 能够清晰描述太阳能汽车的结构。
- 能够分析太阳能汽车的基本原理。

职业素养目标：

- 强化自主学习的意识。
- 培养小组协同学习能力。
- 具有较强的创新意识。

三、理论知识

从某种意义上讲，太阳能汽车也是电动汽车的一种，所不同的是电动汽车的动力电池依靠电网充电补充能量，而太阳能汽车用的是太阳能电池补充能量。太阳能汽车使用太阳能电池把太阳能转化成电能，电能会在动力电池中存储备用，用来推动汽车的驱动电机。由于太阳能车不用燃烧化石燃料，所以不会放出有害物。正因为其环保的特点，太阳能汽车被诸多国家提倡。

1. 太阳能汽车的结构

到目前为止，太阳能在汽车上的应用技术主要有两个方面：一是作为驱动力；二是用作汽车辅助设备的能源。当完全用太阳能为驱动力代替传统燃油时，这种太阳能汽车与传统的汽车不论在外观还是运

太阳能汽车的结构

行原理上都有很大的不同，太阳能汽车已经没有发动机、变速器等构件，而是由太阳能电池板、动力电池和电机等传动部件组成。太阳能电池板一般是铺贴在车体外表的，将太阳能直接转换成电能，再通过电能的消耗，驱动车辆行驶，车的行驶快慢只要控制输入电机的电流就可以解决。太阳能也可以和其他能量混合驱动汽车，混合太阳能汽车外观与传统汽车相似，只是在车表面加装了部分太阳能吸收装置，比如车顶电池板，用于给动力电池充电或直接作为动力源，如增程式混合动力汽车的动力电池也可以采用太阳能发电的方式作为能量的补充。

无论太阳能在汽车上的应用是哪种类型，太阳能汽车都包含几大重要的结构，包括太阳能电池板、动力电池组以及太阳能充电管理系统。典型太阳能汽车结构如图 6-4-1 所示，典型太阳能汽车电力系统结构如图 6-4-2 所示。

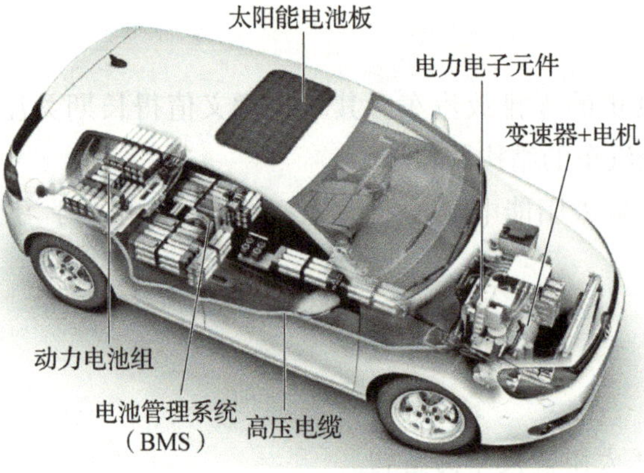
太阳能电池板
电力电子元件
变速器+电机
动力电池组
电池管理系统
（BMS）
高压电缆

图 6-4-1　典型太阳能汽车结构

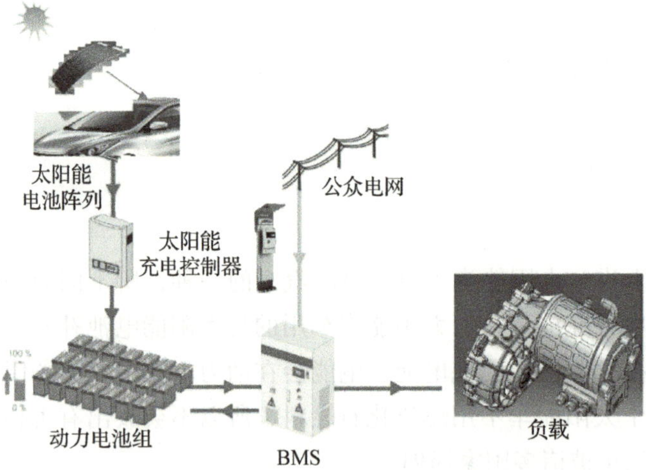
太阳能
电池阵列
太阳能
充电控制器
公众电网
动力电池组
BMS
负载

图 6-4-2　典型太阳能汽车电力系统结构

太阳能汽车的原理

2. 太阳能汽车的工作原理

太阳能汽车由太阳能电池板接受太阳光的照射，利用太阳能电池发电原理换成电能，向储能电池组或电机供电。当太阳能转换为电能充足时，由太阳能电池板将太阳能转换为电能后，可以由太阳能电池板直接提供电能，通过电流变换器将电流输送到驱动电机，驱动汽车行驶，它实际上是一种电动汽车，其驱动模式相当于串联式混合动力电动汽车（SHEV），所不同的是串联式混合动力汽车的电能来源于内燃机发电，而太阳能汽车则来源于更为环保的太阳能。由于太阳能电池的能量受天气的影响，在阴天、下雨时，太阳能电池的转换效率降低或停止，太阳能汽车往往与动力电池组共同组成太阳能混合动力电动汽车，太阳能转换的电能通过充电器向动力电池组充电，再由动力电池通过电池管理系统向电机供电。这种转换一般采用智能控制系统来控制其运行。

对于太阳能汽车来说，其核心是太阳能电池板。太阳能电池发电的原理主要是半导体的光电效应。能产生光电效应的材料有许多种，如单晶硅、多晶硅、非晶硅、砷化镓等。它们的发电原理基本相同。例如，对硅太阳能电池而言，带正电荷硅原子旁边围绕着四个带负电荷的电子。可以通过向硅晶体中掺入其他的杂质，如硼、磷等来改变其特性。当掺入硼时，因为硼原子周围只有 3 个电子，所以硅晶体中就会存在着一个空穴，这个空穴因为没有电子而变得很不稳定，容易吸收电子而中和，形成 P 型半导体。当掺入磷原子时，因为磷原子有五个电子，所以就会有一个电子变得非常活跃，形成 N 型半导体。P 型半导体中含有较多的空穴，而 N 型半导体中含有较多的电子，这样，当 P 型和 N 型半导体结合在一起时，就会在接触面形成电势差，这就是 PN 结。当光线照射太阳能电池表面时，PN 结中的 P 型半导体的空穴往 N 型区移动，而 N 型区中的电子往 P 型区移动，从而在 PN 结两侧集聚形成电位差。当外部接通电路时，在该电压的作用下，将会有电流流过外部电路产生一定的输出功率。这个过程就是光子能量转换成电能的过程。太阳能汽车正是利用这个转换得到的电能对动力电池进行充电或者驱动电机。

四、任务小结

1. 太阳能汽车的结构。
2. 太阳能汽车的工作原理。

New Energy Vehicle

07 项目 7 经典维修案例分析

素养目标

1. 通过维修案例的介绍和实践，教师可引导学生培养认真分析问题，仔细排查故障，勇于克服困难的敬业精神。

2. 利用一个个经典案例，以点带面，不断思考，做到触类旁通。在提升自己技能水平的同时，培养良好的职业道德和职业素养。

一、任务导入

让学生调研新能源汽车高压系统常出现的故障有哪些？遇到问题学生该如何查找资料、如何排除故障？

二、学习目标

知识目标：

- 严格按照标准进行车辆安全检测。
- 掌握新能源汽车检测与维修方法。

职业素养目标：

- 严格执行新能源汽车检修规范，养成严谨科学的工作态度。
- 养成勇于克服困难的态度。
- 不断学习，触类旁通。
- 严格执行 6S 管理。

三、理论知识

1. 高压互锁故障诊断及维修

（1）故障现象

车辆起动后报动力故障。

高压互锁故障

（2）故障代码

连接诊断仪器，打开 KT700。找到电池管理系统，显示系统高压互锁故障。

（3）处理措施

高压互锁图如图 7-1-1 所示。

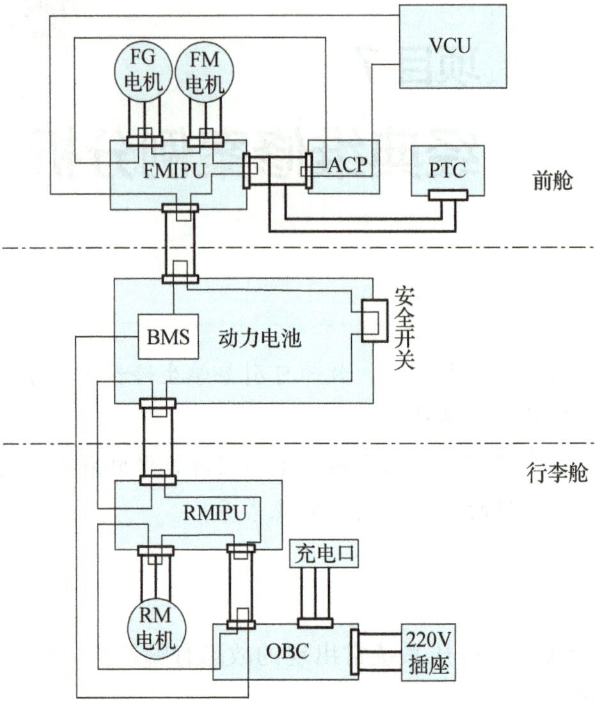
VCU
FG
电机
FM
电机
FMIPU
ACP
PTC
前舱
安全开关
BMS
动力电池
行李舱
RMIPU
充电口
RM
电机
OBC
220V
插座

图 7-1-1　高压互锁图

步骤一：拆掉后排座椅并拔下安全开关，对安全开关进行检测。然后，开始检测整车高压互锁回路。

步骤二：检测 RMIPU 的端子与 BMS 的端子是否导通。若导通则进入下一步。

步骤三：检测 BMS 的端子与安全开关的端子是否导通。若导通则进入下一步。

步骤四：检测安全开关的另一端子与电池包低压输出端子是否导通。发现不导通，确定最终故障为安全开关到电池包低压输出端子间接触不良。清除故障。

步骤五：连接诊断仪器，打开 KT700 诊断仪，找到电池管理系统。清除故障码之后，重新读取故障码，显示系统正常。

2. PTC 不制热故障

空调不制热故障

（1）故障现象

按下空调制热开关，发现空调不制热。

（2）故障代码

故障码为空调加热器 LIN 节点丢失。

（3）实用工具

电路图、高压万用表、绝缘检测仪、绝缘拆装工具、KT700 诊断仪。

（4）处理措施

步骤一：整车下电。

步骤二：拔下维修开关，开始检测整车空调加热器。

步骤三：检查空调热管理系统（TMS）熔丝 EF03。EF03 熔丝的检测情况如图 7-1-2 所示。若导通则进入下一步。

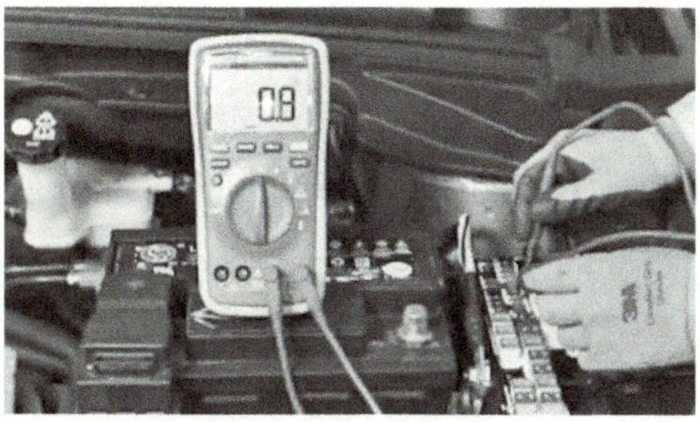
0.8

图 7-1-2　EF03 熔丝检测

步骤四：检查空调 TMS 继电器。继电器的检查方法如下：对着的两个端子接电源，听另外两端是否吸合。若听到声音，则判断该继电器为正常状态，进入下一步。

步骤五：检查继电器到 PTC1 号端子的导通性，发现万用表导通，则进入下一步。

步骤六：检查 TMS 继电器到 PTC 加热器的电源线为 0V，说明该系统有故障。经检查，发现 PTC 电源线红色线退针。安装好电源线之后，电源为 12V。

步骤七：连接诊断仪器。用诊断仪器清除故障码，重新读取故障码，该系统正常。

3. 电子锁无法锁止故障

（1）故障现象

充电时，充电电子锁无法锁止。

（2）故障代码

连接 KT700，用 KT700 诊断仪进入新能源汽车诊断界面，选择深蓝汽车充电系统。显示充电电子锁无法锁止故障。

电子锁无法锁止故障

（3）使用工具

电路图、高压万用表、绝缘检测仪、绝缘拆装工具、KT700 诊断仪。

（4）处理措施

步骤一：拔下蓄电池负极线。

步骤二：拔下维修开关，开始检测电子锁。

步骤三：将万用表打到蜂鸣档，进行校表。之后检查熔丝 EF20。测得的值为 0.5Ω，说明熔丝正常。

步骤四：测得熔丝 EF20 的电压为 12V，说明熔丝 EF20 之前的线路正常。

步骤五：将万用表打到电压档，检查 VCU8 号端子是否有电压。检查结果为 0V。说明故障在熔丝到 VCU8 号端子之间。

步骤六：检查充电枪锁闭锁继电器。首先拔下继电器。继电器好坏的检查方法如下：对着的两个端子连接蓄电池，看看是否有吸合的声音。

步骤七：重新充电，发现充电枪在充电时不能拔下。说明充电电子锁系统正常。

4. 预充电失败故障

预充电失败故障

（1）故障现象

车辆起动后报动力故障，进诊断仪读到预充电失败故障。

（2）故障代码

故障代码显示 P1B44，为预充电失败故障。如图 7-1-3 所示。

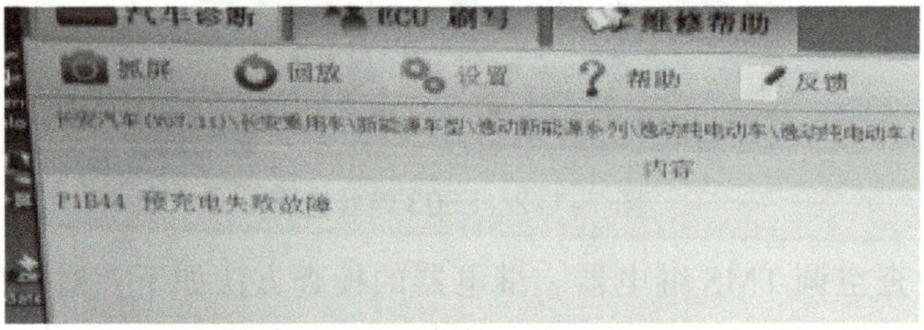
汽车诊断
ECU 刷写
维修帮助
抓屏
回放
设置
帮助
反馈
内容
P1B44 预充电失败故障

图 7-1-3　预充电失败故障代码

（3）使用工具

电路图、高压万用表、绝缘检测仪、绝缘拆装工具、KT700 诊断仪。预充电逻辑如图 7-1-4 所示。

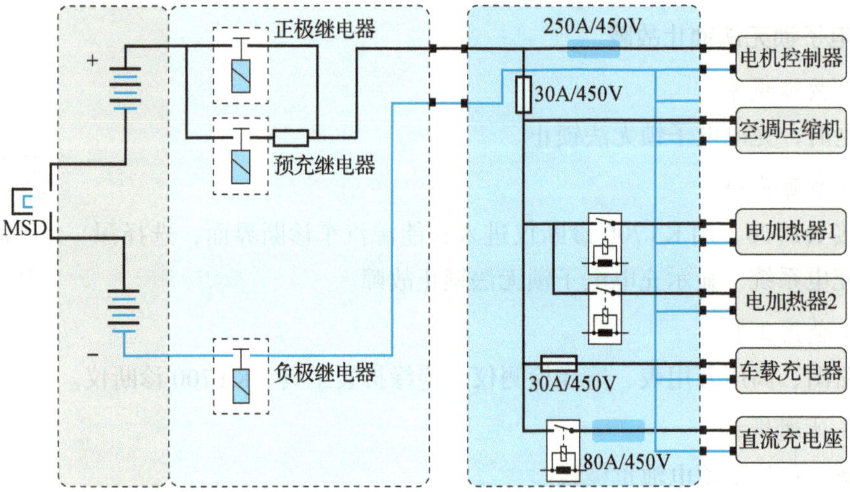
正极继电器
预充继电器
负极继电器
MSD
+
-
250A/450V
30A/450V
30A/450V
80A/450V
电机控制器
空调压缩机
电加热器1
电加热器2
车载充电器
直流充电座
动力电池包
电源继电器
高压接线盒

图 7-1-4　预充电逻辑

（4）处理措施

步骤一：找到前机舱电加热器总成，将该零部件隔离高压回路。

步骤二：用万用表测量高压电器盒内预充电电阻值，阻值为 52Ω，正常。

步骤三：测量高压电器盒内预充继电器，正常。

步骤四：检测发现电池管理控制器总成至预充继电器控制接触不良。调整该端子。

步骤五：连接诊断仪，故障消失。

5. 高压系统绝缘故障

（1）故障现象

绝缘电阻是对电气设备和电气线路最基本的绝缘指标，它是用来考察电气设备绝缘性能的。在规定的温度、湿度、压力条件下，对绝缘部分施加规定的电压，从而测量出来电阻值。这个电阻值的高低，直接关系着设备的安全性，或者设备使用者的安全性。绝缘电阻的降低会增加驾乘人员触电的可能性。

车辆仪表显示绝缘故障，如图 7-1-5 所示。

绝缘故障
N
93%
0
km/h
总里程 9381 km
小计 235.0 km
平均电耗
15.6kWh/100km
续航：133km

图 7-1-5　整车绝缘故障现象

（2）处理措施

某车型高压系统绝缘检测点如图 7-1-6 所示，通过该图高压系统，利用绝缘检测仪可判断故障点。

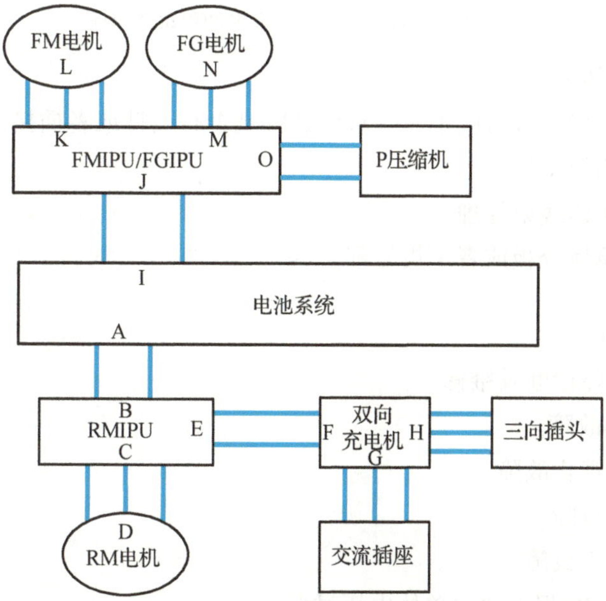
FM电机
L
FG电机
N
K
M
FMIPU/FGIPU
O
J
P压缩机
I
电池系统
A
B
RMIPU
E
C
双向
F 充电机 H
G
三向插头
D
RM电机
交流插座

图 7-1-6　某车绝缘检测点

6. 动力电池 BMS 报电池包单体电压过低

（1）故障现象

车辆起动后报动力故障，进诊断仪读到电池包单体电压过低五级故障，主正继电器常闭故障，使用诊断仪读取电池管理系统数据流中发现最低单体电压为 2.309V。

动力电池自检失败故障处理方法

（2）故障代码

故障代码显示 P1B2E，为电池包单体电压过低五级故障。

（3）处理措施

使用周立功设备读取电池包单体电压情况，如图 7-1-7 所示。

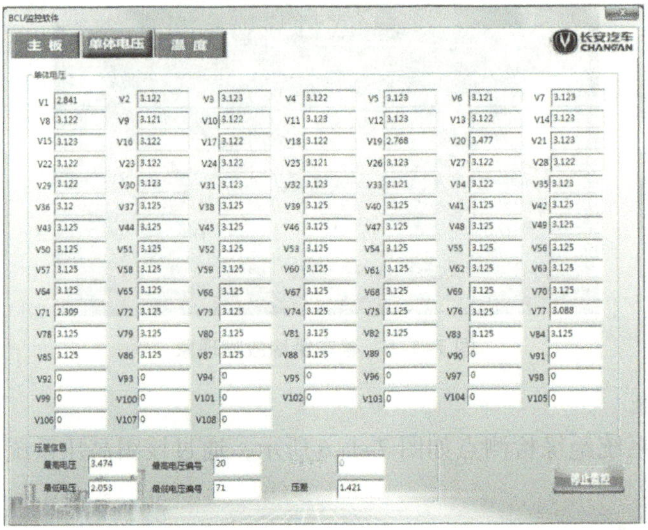
BCU监控软件
主板
单体电压
温度
长安汽车 CHANGAN
单体电压
V1 2.841
V2 3.122
V3 3.123
V4 3.122
V5 3.123
V6 3.121
V7 3.123
V8 3.122
V9 3.121
V10 3.122
V11 3.123
V12 3.123
V13 3.122
V14 3.123
V15 3.123
V16 3.122
V17 3.122
V18 3.122
V19 2.768
V20 3.477
V21 3.123
V22 3.122
V23 3.122
V24 3.122
V25 3.121
V26 3.123
V27 3.122
V28 3.122
V29 3.122
V30 3.123
V31 3.123
V32 3.123
V33 3.121
V34 3.122
V35 3.123
V36 3.12
V37 3.125
V38 3.125
V39 3.125
V40 3.125
V41 3.125
V42 3.125
V43 3.125
V44 3.125
V45 3.125
V46 3.125
V47 3.125
V48 3.125
V49 3.125
V50 3.125
V51 3.125
V52 3.125
V53 3.125
V54 3.125
V55 3.125
V56 3.125
V57 3.125
V58 3.125
V59 3.125
V60 3.125
V61 3.125
V62 3.125
V63 3.125
V64 3.125
V65 3.125
V66 3.125
V67 3.125
V68 3.125
V69 3.125
V70 3.125
V71 2.309
V72 3.125
V73 3.125
V74 3.125
V75 3.125
V76 3.125
V77 3.088
V78 3.125
V79 3.125
V80 3.125
V81 3.125
V82 3.125
V83 3.125
V84 3.125
V85 3.125
V86 3.125
V87 3.125
V88 3.125
V89 0
V90 0
V91 0
V92 0
V93 0
V94 0
V95 0
V96 0
V97 0
V98 0
V99 0
V100 0
V101 0
V102 0
V103 0
V104 0
V105 0
V106 0
V107 0
V108 0
压差信息
最高电压 3.474
最高电压编号 20
0
最低电压 2.053
最低电压编号 71
压差 1.421

图 7-1-7　周立功设备读取电池包单体电压

具体处理措施如下：

1）参照维修手册检查对应单体号对应针脚是否有退针或者插接件松动问题。

2）用均衡仪均衡单体。

3）更换对应单体线束处理。

4）更换对应单体分板或者主板处理。

四、任务小结

1. 高压互锁故障诊断及维修。

2. PTC 不制热故障。

3. 电子锁无法锁止故障。

4. 预充电失败故障。

5. 高压系统绝缘故障。

6. 动力电池 BMS 报电池包单体电压过低。

任务工单

任务名称	经典维修案例分析				
姓　　名		学　　号		任务成绩	
实训设备工具	车辆、新能源专用工具车、周立功、诊断仪				
任务描述	电池包内互锁故障				
任务目的	排除故障，车辆正常行驶				

一、资讯

分析深蓝 SL03 电池包内电路图，测出互锁故障电路。

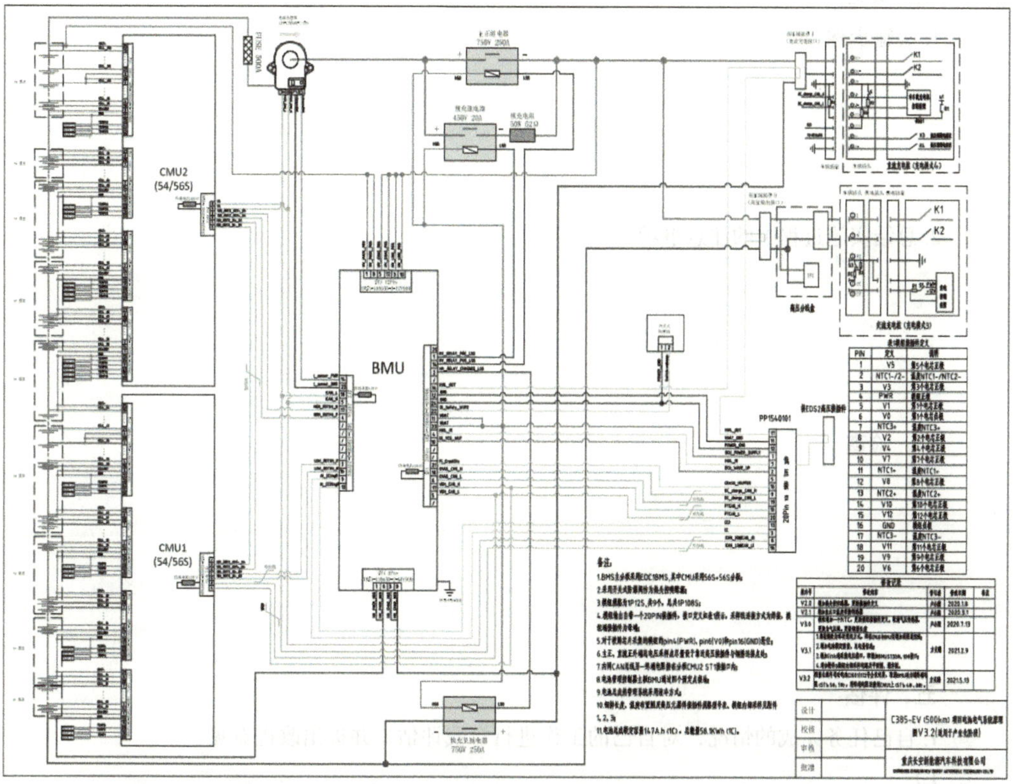
CMU2
(54/56S)
CMU1
(54/56S)
BMU
PP1540101
K1
K2

二、计划与决策

根据任务要求，确定所需要的设备、工具，并对小组成员进行合理分工，制订详细的计划。

1. 需要设备工具

2. 小组成员分工

3. 制订计划与决策

三、实施

1. 实施步骤

2. 总结实施过程中的注意事项

四、检查

五、评估

1. 自己任务完成的情况，对自己的工作进行自我评估，并提出改进意见。

1）

2）

2. 工单成绩

自我评价	组长评价	教师评价	总分

参考文献

［1］崔胜民. 新能源汽车技术与实践［M］. 北京：机械工业出版社，2023.

［2］吴维彬. 新能源汽车技术［M］. 北京：机械工业出版社，2023.

［3］李艳菲. 新能源汽车技术［M］. 北京：机械工业出版社，2019.

［4］郑锡伟. 新能源汽车技术［M］. 北京：高等教育出版社，2021.